ビジネスパーソンの教養
経営・マーケティング×English

中澤幸夫 著

Z会

■ はしがき ■

　アメリカの自動車王ヘンリー・フォードは「金儲けしかしない企業はお粗末な企業だ」と語った。経営学の神様ピーター・ドラッカーは，顧客満足とイノベーションの大切さを痛いほど説いた。経営コンサルタントの大前研一氏は，イノベーションは複数の分野の境界面（interface）でよく起こるから，柔軟な組織をもつことは財産だと語った。経営学者のトム・ピーターズは「差別的特徴か，さもなくば消滅か」という厳しい現実を突き付けた。

　今，企業はこういったさまざまな要求に応えながら競争を生き抜かなければならない。しかし，多くの企業は，新しい現実を目の前にして右往左往し，イノベーションどころか他社製品の模倣あるいは改良が精いっぱいだ。これでは持続可能な企業とは言えない。では，どうしたらいいのだろうか。

　その1つの方法が，今までのビジネス理論を検証することだ。不変のビジネス理論というものはない。ビジネス理論は，激変する経営環境に適応しようとする企業の血のにじむような苦闘から生まれ変化してきた。その変化の様を学ぶことは，未知の新しい時代にどのように対処するべきかの豊饒なヒントを与えるものである。しかし，ビジネス理論を学ぶには英語を駆使しなければならない。なぜなら，ビジネス理論の本場は欧米であるからだ。

　以上の観点に立って，本書は，主に現場で働くビジネスパーソンのために，ビジネス理論を紹介するものだ。だが対象はビジネスパースンだけではない。MBA（経営学修士号）取得を目指している人たち，グローバルな起業に興味をもつ人たち，ビジネス一般に興味をもつ大学生，そしてTOEICなどの得点を引き上げたいと思っている人たちにも，役立つものになるであろう。

　昨今，日本の企業の中にも英語を社内の公用語にするところが出てきているが，単に社内で英語を話すことが，グローバル企業が抱える問題を解決するわけではない。隠れた問題を発見し，それをどう解決し，差別化やイノベーションにつなげていくか。そういった創造的思考のほうがはるかに大切である。そのためにも，欧米のビジネスの賢人たちの苦闘に耳を傾けることは，大いに意義のあることであろう。

　最後に，この紙面を借りて，大変お世話になったZ会の松澤明子さんと日本アイアール株式会社の小林歩さんに心からお礼を申し上げたい。

2011年4月　著者　中澤幸夫

目次

はしがき……………………………………………………………………… 3
本書の効果的利用法………………………………………………………… 6

第1章　企業組織・マネジメント

1. マネジメント …………………………………………………… **10**
2. ミッション宣言 ………………………………………………… **13**
ビジネスの気になる論点① ………………………………………… **16**
　「企業は何のためにあるのですか？」
3. SWOT 分析 ……………………………………………………… **22**
ビジネスの気になる論点② ………………………………………… **26**
　「最近，コンティンジェンシープランというビジネス用語をよく耳にしますが，これは『危機管理計画』に当たるものでしょうか？」
4. アンリ・ファヨール …………………………………………… **32**
ビジネスの気になる論点③ ………………………………………… **38**
　「『リーダーシップとは何か』に関してさまざまな見解があるようですが，現在はどのような見方がなされているのでしょうか？」

第2章　生産性・女性とビジネス

5. 科学的管理法 …………………………………………………… **44**
6. ホーソン効果 …………………………………………………… **49**
ビジネスの気になる論点④ ………………………………………… **52**
　「X 理論，Y 理論，Z 理論とはどのような内容の理論なのですか？」
7. ウーマノミクス ………………………………………………… **59**
ビジネスの気になる論点⑤ ………………………………………… **63**
　「女性の労働人口を増やすことが日本が抱える少子高齢化問題に対する1つの解決策になるとの考えがあるようですが，それは本当なのでしょうか？」
ビジネスの気になる論点⑥ ………………………………………… **69**
　「企業や管理者について，ジェンダー・バイリンガルという言葉が使われることがありますが，これはどのような意味なのですか？」

第3章 マーケティング

8. マーケティング ……………………………………………… 76
9. マーケティング・ミックス ………………………………… 80
ビジネスの気になる論点⑦ ……………………………………… 84
　「マーケティング近視眼とはどのようなことを意味しているのですか？」
10. 市場細分化 ………………………………………………… 89
11. 差別化 ……………………………………………………… 94
ビジネスの気になる論点⑧ ……………………………………… 100
　「『企業にとってブランドは重要である』とよく言われますが，具体的にはどういうことを意味しているのですか？」
12. ポジショニング …………………………………………… 105
13. ティッピング・ポイント ………………………………… 110
14. バイラル・マーケティング ……………………………… 116
ビジネスの気になる論点⑨ ……………………………………… 121
　「イノベーションとマーケティングはどういう関係にあるのですか？また，破壊的イノベーションとはどのようなことを言うのですか？」
ビジネスの気になる論点⑩ ……………………………………… 130
　「日本で大変人気のあるドラッカーは，経営学者としてどのような功績を残したのですか？」

第4章　英語でビジネスを読み解く

Scientific management ……………………………………… 142
Drucker describes the five tasks of management ……… 148
The world's first creativity test …………………………… 152
Game Theory ………………………………………………… 158
Female brainpower ………………………………………… 164

出典一覧 ………………………………………………………… 172
索引 ……………………………………………………………… 173

■ 本書の効果的利用法 ■

1　全体の利用法

本書は次のような目的で学習される方々に効果的です。

(1) ビジネスや起業に活かしたい

　日本ではビジネスで成功するには経験や勘が大事だと思われがちですが，ビジネスは一種の科学，つまり理論です。例えば，「自分はこういう物を作って売りたい」と思っても，それが顧客の受け入れるものでなければ売れません。それをドラッカーは「顧客満足」という言葉で言い表しました。こういった理論をある程度体系的に体得すると，実際のビジネスでも成功する可能性は高くなります。本書にはビジネスに役立つ理論が数多く紹介されていますから，企業で実際に活躍されているビジネスパーソン，そしてこれから起業を考えている人たちにも参考になります。

(2) MBA を取得したい

　MBA の試験には，経営学やビジネス理論の知識が必須であり，特にマーケティングに関する知識が大切です。本書はマーケティングに関する内容にかなりページを割いていますから，MBA の資格取得のためにも最適です。

(3) 経済・経営系の大学院に入りたい

　経済・経営系の大学院入試には，経営に関する英語の試験が出題されることがあります。本書では経営学の概要と英語の知識が同時に得られるので，この種の試験にも対応することができます。

(4) 組織理論に興味がある

　企業とは何のためにあるのか —— これは昔から議論されてきた論点ですが，近年は企業を取り巻く利害関係が複雑化してきているため，なおのこと重要になってきています。本書では，このような組織理論についてもページを割いています。

2　本書の読み方 —— 「用語解説」と「ビジネスの気になる論点」

　本書は，「用語解説」→「ビジネスの気になる論点」という段階的な配列になっています。したがって，理想的には最初から順番に学習することが望ましいのですが，「用語解説」も「ビジネスの気になる論点」も，項目ごとの読み切りでも理解できるように書かれていますから，興味のあるところから読んでいただいても構いません。

3 解説中の英単語・表現の利用法

英単語や英語表現をあわせて学習するために，解説文は英語混じりの日本文になっています。読み方は人によって異なると思いますが，私の勧める読み方は，最初に英語にこだわらずに日本文を読んで内容を把握し，次に青字の日本語と英語を意識しながら再度読み，最後に青字の日本語と英語だけを対応させて確認するという方法です。つまり，内容理解から語学レベルへと分けて読んでいくということです。ここで，「ウーマノミクス」の一節を例に挙げて見てみましょう。

---

7. ウーマノミクス
womenomics

【定義】　女性を活用する経済のこと。

第2章　生産性・女性とビジネス

3つのW

最近，マスコミや論壇などで，21世紀の世界を形成する新たな力（emerging forces）として，次の3つのWがよく取り上げられる。

(1) Weather（天候）
(2) Web（インターネット）
(3) Women（女性）

1つ目のWeatherは，端的に言えば，地球温暖化（global warming）のことである。例えば，地球温暖化により南極の氷が解けて海面が上昇すると，低海抜の島国はその直撃を受け，国の存続そのものが危ぶまれる。また，砂漠化（desertification）も進み，農業や漁業が影響を受け，食糧不足や飢饉（famine）の危険も増大する。このまま温暖化が進行すれば，地球の，そして人類の存続そのものが危ぶまれるのである。このように，地球温暖化は人類に大きな課題を突きつけているが，同時に地球の持続可能な未来（sustainable future）を築く貴重な機会を提供していると見ることもできる。地球温暖化は21世紀の世界に最大級の影響力を持っている。

まず，この部分を英語にこだわらずに読みます。次に，英語表現も対応させながら，例えば「地球温暖化」と出てきたら，global warming と言うのだと確認して読みます。そして最後に，「地球温暖化」と global warming だけを見て，可能なら global warming を発音し，そして紙に書いて覚えましょう。これと同じ作業を残りの desertification 以下の単語にも行う，という手順です。

4 「英語で知識を整理」の利用法

「英語で知識を整理」には，用語の定義やそれまでの解説のまとめを英語で示しています。まずはこの英語を読んでみましょう。そして，自分の力で意味を把握する努力をしてください。何回か読んでも意味がよくわからなかったら，日本文を参考にしてください。

なお，「英語で知識を整理」の英文は，ビジネス書や辞書などから引用したものと，著者が英文を作り，ネイティブスピーカーのチェックを経たものの２種類があり，出典についての言及がないものは後者に該当します。後者のやり方をとり入れた理由は，実際のビジネス書や辞書の記述では難しすぎたり，長すぎたりし，読者の皆さんの学習には適さない場合があるからです。

5 「意味を言ってみよう」の利用法

各項目の最後に「意味を言ってみよう」があります。これは，解説文中に青字で示した英単語や英語表現をまとめたものです。それらを見て，日本語の意味が言えるかどうか試してみてください。もし言えなければ，解説中の該当箇所に戻り，意味を再度確認してください。なお，英語の表現の中には，下に出てくる global warming, nonprofit organization, cultural diversity のように連語になっているものがあります。英語が実際に使われる現場では，連語の形が使われることが多いので，意識して連語で覚えるようにしてください。

意味を言ってみよう

- ☐ womenomics
- ☐ desertification
- ☐ nonprofit organization
- ☐ majority
- ☐ talent pool
- ☐ bankruptcy
- ☐ bottom line
- ☐ purchasing power
- ☐ emerging forces
- ☐ famine
- ☐ diplomacy
- ☐ talented people
- ☐ cultural diversity
- ☐ share price
- ☐ wellbeing
- ☐ insurance
- ☐ global warming
- ☐ sustainable future
- ☐ academic subject
- ☐ key skills
- ☐ gender balance
- ☐ blue chip
- ☐ marketplace
- ☐ allowance

6　第4章の利用法

　第4章には，ビジネスに関係する英文が5本掲載されています。本書は，読者の皆さんがいずれは自力でビジネスに関係する英文を読めるようになることを，最終的な目的としています。そのために，このような英文を紹介しています。今の段階では，これらの英文には太刀打ちできないという方もいるでしょう。しかし，自分が目標とすべき到達点という意味で，ぜひ挑戦してみてください。第1章から第3章までの解説部分に関係する英文もありますから，それを読んだ上で挑戦すれば，かなり理解しやすくなるはずです。解説部分に出てこないような内容を含む英文については，「英文を読むためのヒント」を参考にしてください。

　なお，参考までに，ビジネス英語を読む際に必要となる辞書を1つ紹介しましょう。日本語の辞書には，私の知る限り適切なものがないので，ここでは英英辞典を挙げておきます。それは次のものです。

"Oxford Business English Dictionary for Learners of English"

　この辞書は書名からもわかるように，ビジネス英語に特化した辞書です。例えば，TOEICなどにもよく出る bottom line は「最終収益」という意味と「要するに…」の2つの意味がありますが，それを次のような例文で簡潔明瞭に説明してあります。

1. The drop in sales had a big impact on our bottom line.
   売上の減少が最終収益に大きく影響した。

2. The bottom line is that we have to make a decision today.
   要するに，われわれは今日決断しなければならないということだ。

　このようなツールも適宜活用しながら学習を進めていきましょう。

第1章
企業組織・マネジメント

1. マネジメント
management

【定義】 適切な意思決定過程を通して，組織（企業はその中の1つ）の目的や目標を達成すること。

目的と目標の違い

　最初に，目的（goal）と目標（objective）の違いについて述べておく。目的とは，組織（organization）が実現したいと思っている広く長期的な事柄を指し，目標とは，目的を達成するための具体的（specific），短期的な事項を指す。

　いかなる企業もその目的や目標を果たすためにはまず，従業員，原料（raw materials），設備（equipment），財源（financial resources），情報（information）などの資源が必要である。そして，企業は，これらの資源を共通の目的（common goal）に向けなければならない。

ビジネス環境の変化

　また，企業は変化にも対応しなければならない。現代ほどビジネス環境（business environment）が急激に変化している時代はない。グローバル化した競争，衰退する経済（declining economy），技術革新の速さ，自然環境保護などへの対応が必要である。さらには，消費者の嗜好の変化，例えば，高品質な製品（high-quality product）への期待，迅速でフレンドリーなサービスへの期待にも応えなければならない。

マネジメントの定義

　これらの状況を視野に入れながら組織の経営を行うのがマネジメントである。したがって，マネジメントの定義は，通常，次のようなものになる。

英語で知識を整理

Management is the process of attaining an organization's goals or objectives by using its resources effectively and efficiently in a changing environment.

マネジメントとは，組織が変化する環境の中で，その資源を効果的，効率的に使うことによってその目的や目標を達成する過程である。

この定義の中の effectively（効果的に）というのは，企業が当初の目的を実際に達成することを意味する。efficiently（効率的に）というのは，最小限の資源で目的を達成するという意味である。そして，この定義の中で何よりも重要なのが目的や目標である。目的が明瞭ではないマネジメントは，行き先のない船と同じである。この点につき，米国の経営学者ドラッカー（Peter F. Drucker: 1909-2005）は，その著書 *Management: Tasks, Responsibilities, Practices* の中で次のような面白い話を紹介している。その箇所を和訳してみよう。

「3人の石工について昔から語られている話がある。3人は今何をしているのかと聞かれた。最初の石工は，『私は生計を立てている（make a living）ところだ』と答えた。2番目の石工は金槌をたたきながら，『私は国中で一番よい石切りの仕事をしているところだ』と答えた。3番目の石工は，未来を見通すような（visionary）きらめきを目に浮かべながら，顔を上げて，『私は大聖堂を建築しているところだ』と答えた。」

ドラッカーはこの3人の石工について次のような趣旨のことを述べている。3番目の石工が本当の管理職にふさわしい人だ。それは，自分の仕事の目的を見据えているからだ。最初の石工は生活のために仕事をしているだけで，管理職には向かない。問題なのは2番目の石工だ。技量（workmanship）は企業にとって絶対に必要なものである。企業が従業員にその持てる最高度の技量を要求しなければ，企業は堕落する。しかし，本当の職人，あるいは本当のプロであっても，実際には石を磨く程度のことしかしていないのに，何か大きなことをしていると

勘違いしてしまう危険性が常にある。2番目の石工は，自分の技量に自信はあっても，自分の仕事を組織の目的と関連づけていない。そこが問題なのだ。

では，ここでドラッカーの言葉に耳を傾けてみよう。

英語で知識を整理

Management by objectives works if you know the objectives. Ninety per cent of the time you don't.

目標によるマネジメントは，その目標を知っている時にうまく機能する。しかし，90％の場合，その目標を知らないのである。

意味を言ってみよう

- □ management
- □ organization
- □ equipment
- □ common goal
- □ high-quality product
- □ make a living
- □ goal
- □ specific
- □ financial resources
- □ business environment
- □ effectively
- □ visionary
- □ objective
- □ raw materials
- □ information
- □ declining economy
- □ efficiently
- □ workmanship

2. ミッション宣言
mission statement

【定義】 組織の基本的目的と哲学を宣言したもの。

ミッション宣言の必要性

ある組織が何のために存在するのか,それが何をやろうとしているのかを示し,さらに,その組織に目的意識 (sense of purpose) や一定の価値観 (values) を与えるものは,通常,ビジョン (vision) と呼ばれている。ビジョンを受けて,組織の基本的目的,哲学 (philosophy),自己概念 (self-concept,自らの組織をどう捉えているか),社会的責任 (social responsibility),製品やサービスの性質などを概略的に宣言するものが「ミッション宣言」と言われているものだ。日本の会社の玄関や社長室にはよく社是が掲げられているが,ミッション宣言はそれに近いであろう。

ミッション宣言は,組織の本質を知る上で欠かせないものであるだけでなく,内容によっては,組織のイメージを大きく左右することがある。一般の人に「この企業はよい企業だ」と思わせるようなミッション宣言を作り上げることが大切である。

ミッション宣言の意味

では,ここでミッション宣言を英語でまとめておく。

 英語で知識を整理

A mission statement is an outline of the fundamental purposes and philosophy of an organization.

ミッション宣言とは,組織の基本的目的や哲学の概略を述べているものである。

ミッション宣言の例

参考までに,一般によくできていると言われているミッション宣言の例を2つ

挙げてみよう。なお，diverse は「多様な」，heritage は「遺産」，committed to 〜 で「〜に尽くす」の意味である。

■フォード社（Ford）
Our vision: to become the world's leading consumer company for automotive products and services.
Our mission: we are a global, diverse family with a proud heritage, passionately committed to providing outstanding products and services.
Our values: we do the right thing for our people, our environment and our society, but above all for our customers.
- わが社のビジョン：自動車関係の製品とサービスを提供する消費者のための世界で最高の会社になること。
- わが社のミッション宣言：わが社は誇り高き遺産を受け継ぐ世界規模の多様な家族であって，卓越した製品とサービスを提供するために誠心誠意尽くすことを旨とする。
- わが社の価値観：わが社は，わが国民，わが環境，わが社会，とりわけわが顧客のために正しいことを行うこととする。

　　　　　　　　　—— *The world of Business*（*The Economist* 誌編集）より

　上に紹介したフォード社のミッション宣言は2005年当時のもので，現在は経営環境の変化に伴いこれとは異なるものが使われている。自動車メーカーのせいか，かなり硬質なものになっているが，もっとソフトな例としてスターバックス社のミッション宣言を紹介しよう。なお，inspire は「啓発する，鼓舞する」，nurture は「栄養物を与える」の意味である。

■スターバックス社（Starbucks）

Our mission: to inspire and nurture the human spirit —— one person, one cup and one neighborhood at a time.

● わが社のミッション宣言：人の心に活力と栄養を —— 1人で1杯，時には隣人同士の付き合いのために。（筆者訳）
● 人々の心を豊かで活力のあるものにするために —— ひとりのお客様，一杯のコーヒー，そしてひとつのコミュニティから。

　　　　　　　　　—— スターバックスコーヒージャパン株式会社・公式サイトの訳

意味を言ってみよう

- ☐ mission statement
- ☐ sense of purpose
- ☐ values
- ☐ vision
- ☐ philosophy
- ☐ self-concept
- ☐ social responsibility
- ☐ diverse
- ☐ heritage
- ☐ committed to ～
- ☐ inspire
- ☐ nurture

ビジネスの気になる論点 ❶

企業は何のためにあるのですか？

Key points!

① チャールズ・ハンディについて
② 「企業の目的＝収益の最大化」は誤り
③ 株主主権論（theory of shareholder sovereignty）
④ ステイクホルダー論（stakeholder theory）
⑤ 企業は共同社会である

① チャールズ・ハンディについて

　企業にとっても，またそこで働く人にとっても，「企業は何のためにあるのか」という問いは避けて通ることはできない。また，この問いに対する解答も1つではあり得ない。そこでこの問題を考えるためのヒントとして，「英国のドラッカー」と呼ばれている**チャールズ・ハンディ（Charles Handy: 1932-）**の考えを紹介したい。ハンディは，アイルランドの生まれで，企業組織などについて多くの著作があるが，1990年に「企業は何のためにあるのか？（What is a company for?）」という講演を行っている。彼がこの講演で語った内容を軸に，補足的な説明を加えながら，企業の目的を考えていきたい。なお，この講演は彼の **Beyond Certainty** という本におさめられている。

　ハンディはかつて米国のビジネススクールに在学していた時，企業の目的を次にように教わったという。その部分を引用してみよう。

英語で知識を整理

What is a company for? In my American business school in the sixties the answer was clear, it was inscribed* above the blackboard in every class, it was "to maximize* the medium-term* earnings per share*."

企業は何のためにあるのか。60年代に私が通っていた米国のビジネススクールでは，その答えは明瞭だった。それは，すべてのクラスの黒板の上に刻まれていて，「1株当たりの中期収益を最大化すること」だった。

＊ inscribe = ～を刻む，maximize = ～を最大化する，medium-term = 中期（の），share = 株

②「企業の目的 = 収益の最大化」は誤り

　要するに，企業の目的は収益の最大化だというのだ。しかし，ハンディは収益の最大化を企業の目的にすることは間違いだと言う。その理由として，ハンディは自身の体験を挙げる。彼が大手の石油会社に勤め，インドネシアのボルネオのカピトという小さな町に赴任していた頃の話だ。その町に，200マイルも奥地にある村から，村人たちがチョコレートの原料になる野生の木の実をカヌーにたくさん積んでやってきた。カヌーには石油を燃料とする外付けのモーターが付いていた。村人たちが町で商人に木の実を売り渡して帰る時，カヌーに石油を補充しようとしたが，カピトの町は石油を切らしていた。ハンディは村人たちが石油を必要とすることにあらかじめ気づいていなかったのだ。石油が町に届くまでには，1週間もかかる。その間，村人たちは宿泊設備も食糧も十分ではない町で過ごさざるを得なかった。そこで，彼は石油が届いた時，お詫びのしるしに50%値引きして石油を売った。当時，その町には彼が勤務していた石油会社以外に石油会社はなかったから，その独占的地位（monopoly position）を利用して，石油を高く売りつけることも可能だった。だが，彼はそうせず逆に値引きしたのである。ハンディは，企業というものは真面目な社会的役割（social function）も担っていることを認識していたのである。企業は利益を上げなければならないが，それは利益のために利益を上げているのではなく，別の目的のために利益を上げているはずだと言う。

③ **株主主権論**

しかし，近頃の企業は中期収益どころか，**短期主義（short-termism）**に陥っていて，なるべく短い期間に収益を最大化することに躍起になっている。この背景には，企業は，**株主（shareholder）**，つまり，企業を所有している者の要求に応えなければならないという事情がある。要するに株主主権論である。ここで参考までに，米国の経済学者**ミルトン・フリードマン（Milton Friedman: 1912-2006）**が主張する株主主権論を紹介しておく。

|株主主権論|
「株を所有することによって株主は企業を所有する。これらの**所有者（owner）**は自らの投資価値を最大化してもらいたいと望んで，それを経営者に付託する。だから，経営者は株主に対して株主の財産を守るという社会的責任を負っている。」

　ハンディは，株主を企業の所有者と見ることは間違っていると言う。その理由を説明するために，彼はいかにも英国人らしく，株主をパンターに例えている。パンターとは競馬で賭けをする人のことだ。パンターは，勝ち目のありそうな馬にお金を賭けるが，もっと勝ち目のある馬がいたら，そちらに乗り換える。だから，パンターは**投機家（speculator）**であるかもしれないが，実質的な意味において所有者ではないというのだ。これは**年金基金（pension fund）**などの**機関投資家（institutional investor）**にも言える。
　ハンディはさらに，企業の**所有権（property）**を取得すれば，企業を売ったり買ったり，何でもできるという考え方自体が根本的に間違っていると言う。その理由を英語で見てみよう。

英語で知識を整理

Companies used to be physical assets*, run by families and their helpers. Nowadays they are largely people, helped by physical assets. Owning people is, I think, wrong. Buying and selling people is wrong. This concept is out of date*, just as the idea that a man owns his wife is now out of date.

企業はかつては家族やその手伝い人が経営する物的資産であった。しかし，現在は，企業はほとんどが人間であって，その人間が物的資産に助けられているのだ。私の考えでは，人間を所有することは間違っている。人間を買ったり売ったりすることは間違っている。人間を買ったり売ったりするという考えは，夫は妻を所有するという考えが今は時代遅れになっているのとまったく同じように，時代遅れだ。

* physical assets = 物的資産，out of date = 時代遅れの

④ ステイクホルダー論

では，企業は何に応えるのか。ここで出てくるのがステイクホルダー論である。stakeholder とは「利害関係者」の意味で，その内容を説明すると次のようになる。

「ステイクホルダーとは，企業に何らかの利害を持つ個人や集団を指し，具体的には株主，債権者（creditor），従業員（employee），顧客（customer），納入業者（supplier），政府，地域住民，企業による環境汚染の被害者になり得る一般大衆（general public）などを指す。」

ステイクホルダー論は，企業が株主の利益を最優先することに反発する形で，株主以外の利害関係者が言い出した議論である。したがって，この理論から，企業は利害関係者にバランスの取れた行動をとらなければならないという方向性は出てくるが，企業の目的，企業は何のために存在するかという結論が出てくるわけではない。

⑤ 企業は共同社会である

　では，ハンディは企業は何のために存在すると考えているのか。定義的に明確に述べているわけではない。おおよそ次のようなことを述べている。

「企業というのは成長する生き物のようだ。その主たる目的は可能な限りよい方向に成長し，発展することである。企業は外部にお金を借りることはあるかもしれないが，他から所有されるようなものではない。企業には，職人（workman），専門技術者（technician），管理者（manager），理事（director）など，富を創造する人がいるが，このような人の集まりは所有権といった法的権利に包摂されるようなものではない。企業は言ってみれば，共同社会のようなものであり，墓場を超えた生命（life beyond the grave）を，つまりは永続性（immortality）を志向する自治的な（self-governing）存在であり，そして自らに対してだけでなく，社会に対しても，また未来の子孫に対しても責任を持ってしかるべき存在である。」

　以上がハンディが考えている企業のイメージである。最後は，ハンディの言葉で締めくくろう。

 英語で知識を整理

A company is not an instrument; it is, or should be, a living and growing community. There is a difference.

企業は道具ではない。それは生きていて成長している共同社会であるし，そうあるべきだ。そこにこそ違いがある。
（注）there＝そこに（副）

意味を言ってみよう

- ☐ theory of shareholder sovereignty
- ☐ inscribe
- ☐ share
- ☐ short-termism
- ☐ speculator
- ☐ property
- ☐ stakeholder
- ☐ customer
- ☐ workman
- ☐ director
- ☐ self-governing
- ☐ maximize
- ☐ monopoly position
- ☐ shareholder
- ☐ pension fund
- ☐ physical assets
- ☐ creditor
- ☐ supplier
- ☐ technician
- ☐ life beyond the grave
- ☐ stakeholder theory
- ☐ medium-term
- ☐ social function
- ☐ owner
- ☐ institutional investor
- ☐ out of date
- ☐ employee
- ☐ general public
- ☐ manager
- ☐ immortality

3. SWOT分析
SWOT analysis

【定義】 組織の強み，弱み，好機，脅威を分析する手法。

ある事例
『ベルサイユのばら』の劇画を描いた池田理代子さんが，テレビ生出演中にこんな趣旨のことを述べた。劇画家として成功した後の人生をどう生きて行こうかと迷っていた時，紙に自分の得意不得意を考えながら，できそうな事柄を並べて書き，それらの内容を人にも相談して，最終的にオペラ歌手になろうと決断した，と。そして，池田さんはこの決断に基づき，歌手になるための訓練を積み，現在はプロとして活躍している。

池田さんが行ったことは，実はここで取り上げる SWOT 分析と近いものがある。SWOT は strengths（強み），weaknesses（弱み），opportunities（好機），threats（脅威）の頭字語（acronym）である。SWOT 分析は，組織の戦略（strategy）を見直す時にも使用するが，一般には，組織がこれから活動を始めようとする初期段階に，組織の方向性を定める場合に利用されることが多い。

SWOT 分析の定義
では，ここで英語で SWOT 分析をより詳しく定義してみよう。

 英語で知識を整理

> **SWOT analysis is a technique that enables an organization to assess its position within a particular market in relation to its rivals.**
>
> SWOT 分析とは，ある組織が特定の市場の中での自らのポジションを，ライバル組織との関係において分析することを可能にする手法である。

作業判定

　SWOT分析の作業手順はこうである。まず，この分析に参加するスタッフを集める。専門的な知識を持つスタッフだけでなく，さまざまなレベルのスタッフを適切に組み合わせることが大切である。

　次にそのスタッフに，組織内の強みと弱み，組織外の好機と脅威に関するデータ収集（data collection）を行わせる。それが終了したら，データ分析（data analysis）に移る。データ分析に当たっては，参加者同士の情報の流れ（flow of information）が阻害されないこと，また参加者に自由に意見を言わせるような雰囲気を作ることが大切である。そして，分析結果を編集し（compile），記録する段階では，単に強みや弱みを並べるのではなく，評価的（evaluative），分析的な（analytical）ものにすることが重要である。

内部的要因と外部的要因

　一般に，強みと弱みは組織の内部的要因（internal factors）と考えられており，組織のコントロールが可能なものである。それに対して，好機と脅威は外部的要因（external factors）と考えられており，組織のコントロールが及ばないものである。

　内部的要因と外部的要因の例としては，次のようなものがある。

1. 強み —— 内部的要因
- 製品の認知度（product recognition）が高い
- 健全なバランスシート（balance sheet）
- 設備投資（capital investment）
- 顧客の忠誠心（customer loyalty）
- スタッフの経験度
- 労使の協調関係（good relations）

2. 弱み —— 内部的要因
- 新製品やサービスが生み出せない
- 競争力（competitive edge）が乏しい
- 成功と失敗を検証する方法がない

- スタッフの**モティベーション（motivation）**の欠如
- **不十分な指導力（inadequate leadership）**
- **悪い意思疎通（poor communications）**

3. 好機 ── 外部的要因
- 新しい市場の誕生
- トレンドの変化
- 新技術の**利用可能性（availability）**
- 法律の改正
- **金利（interest rate）**の変化
- （場合によるが）**高齢化する人口（an aging population）**

4. 脅威 ── 外部的要因
- 環境保護の規制強化
- **失業（unemployment）**の増加
- 新たな**ライバル企業（competitor）**の登場
- **為替レート（exchange rate）**の変動
- **政治的不安定（political instability）**

分析に当たっての注意点

　以上の要因について若干注意点を述べる。

　弱みは，組織がコントロールすることが可能ではあるが，一般に，発見しにくいだけでなく，それを発見したとしても，受け入れ，対処するのが困難な場合が多いと言われている。組織外の人に参加してもらうことは1つの解決方法になる。

　脅威は，組織にとっては**悲観的（pessimistic）**に捉えられることが多いが，脅威を企業が大きく飛躍するための**課題（challenge）**として前向きに捉えるなら，それは好機に転ずることもある。その意味で，脅威は従業員の**士気（morale）**を試す尺度にもなり得る。

　強み，弱み，好機，脅威をリストアップしたら，最後にやるべきことは，それらを組織の目的や目標に関連づけて整理し，グループ別に分けることだ。そして，少数の重要な要因に絞るのである。そうすれば，**鳥瞰図（bird's eye view）**が

得られる。そして最後に、これらの要因のそれぞれの重要性を測り、肯定的要因は積極的に活用し、否定的要因は可能な限り最小化して（minimize）、企業の方向性を決定することになる。

SWOT 分析の応用分野

SWOT分析は、組織が市場計画(market plan)を立てたり、問題解決(problem solving) を図ったり、意思決定を行ったりする時に使用されるだけでなく、個人がキャリア経路（career path）を見直したり、池田さんのように新しいキャリア開発（career development）を考える時にも使われている。

なお、SWOT分析は、項目のリストが長くなりすぎる、分析よりも記述(description)に終わる傾向がある、優先事項（priority)を無視するなどの理由で、有益ではないと言う人もいる。

意味を言ってみよう

- ☐ SWOT analysis
- ☐ opportunities
- ☐ strategy
- ☐ flow of information
- ☐ analytical
- ☐ product recognition
- ☐ customer loyalty
- ☐ motivation
- ☐ availability
- ☐ unemployment
- ☐ political instability
- ☐ morale
- ☐ market plan
- ☐ career development
- ☐ strengths
- ☐ threats
- ☐ data collection
- ☐ compile
- ☐ internal factors
- ☐ balance sheet
- ☐ good relations
- ☐ inadequate leadership
- ☐ interest rate
- ☐ competitor
- ☐ pessimistic
- ☐ bird's eye view
- ☐ problem solving
- ☐ description
- ☐ weaknesses
- ☐ acronym
- ☐ data analysis
- ☐ evaluative
- ☐ external factors
- ☐ capital investment
- ☐ competitive edge
- ☐ poor communications
- ☐ an aging population
- ☐ exchange rate
- ☐ challenge
- ☐ minimize
- ☐ career path
- ☐ priority

ビジネスの気になる論点 ❷

最近，コンティンジェンシープラン（contingency plan）というビジネス用語をよく耳にしますが，これは「危機管理計画」に当たるものでしょうか？

Key points!

① 組織の３つの戦略
② 戦略計画（strategic plan）
③ 戦術計画（tactical plan）
④ 業務計画（operational plan）
⑤ 計画がうまくいかない理由
⑥ コンティンジェンシープランの意味
⑦ 理論的背景 —— マーフィーの法則（Murphy's Law）

① 組織の３つの戦略

この問いに答えるには，最初に組織の計画にどのような種類のものがあるかを見ておくことが必要だ。通常，組織は目標を達成するために，次の３つの計画を持つ。

(1) 戦略計画
(2) 戦術計画
(3) 業務計画

この３つの計画の中では，戦略計画が最も基本的で広く，それをより具体的，段階的に達成するためのものとして，戦術計画と業務計画がある。

② 戦略計画

戦略計画は，組織の長期的目標，全体的戦略（overall strategy）を決定するもので，それによって組織のミッションや目的を実現しようとするものだ。その期間は，通常２年から10年，場合によってはもっと長期に及ぶものもある。戦

略計画には，例えば，新製品の追加，会社の買収（acquisition），株式の発行，国際市場（international market）への参入などの決定が含まれる。戦略計画は組織の最高経営層（top management）が行う。
　ではここで，戦略計画を英語で確認しておこう。

 英語で知識を整理

Strategic plans are the plans that determine the long-range objectives and overall strategy by which an organization fulfills its mission and achieves its goals.

戦略計画は，組織がそれによってそのミッションや目的を達成する長期的目標や全体的戦略を決定する計画である。

③ 戦術計画

　戦術計画は，戦略計画で決定された目標を達成するための短期の計画で，具体的に何を，どのように行うかなどを決めるものだ。例えば，コンビニエンスストアを経営する日本の企業が中国に出店するという戦略計画を立てたなら，それに応じて中国の消費者の嗜好（wants and needs）を調べたり，広報活動（public relations）を行ったりすることを決定するのが戦術計画である。また，景気が低迷して売り上げが落ちている時の，売り上げを伸ばすための具体的な立案（planning）も場合によっては戦術計画に含まれる。戦術計画は，通常，経営陣の一部や部長（department manager），課長（section manager）などの中間管理層（middle management）が行う。

④ 業務計画

　業務計画は，戦術計画を実行するために必要な作業標準（work standards）やスケジュールなどを決めるものである。例えば，戦術計画で市場占有率（market share）を上げるために生産拡大が決定されたなら，それに応じるために，ある作業グループ（work group）に対する1週間の具体的な生産割り当て（production quota）を決定するのが業務計画になる。担当業務の現場監督者

(field supervisor)，そして個々の従業員は，業務計画に従って日々の業務を行うことになる。

　以上の3つの計画の中核は戦略計画だが，戦略計画は長期にわたるものが多いため，今日のようなビジネス環境が激しく変化する時代にあっては，すぐに時代遅れ（obsolete）のものになりかねない。そこで，企業によっては，戦略計画自体をもっと短期のものにして，市場により柔軟に対応しているところもある。しかし，これで根本的問題が解決されるわけではない。あるビジネスコンサルタントが経営者から非常によく聞く不安として，次のようなものがあるという。英語で見てみよう。

 英語で知識を整理

> **Managers have all expressed the same concern; things just aren't getting done in their companies and they can't figure out* why.**
>
> 経営者はみんな同じ不安を言います。自分の会社ではとにかく成果が出ない，その理由もわからない，と。

＊ figure out = ～を理解する，解明する

⑤ **計画がうまくいかない理由**

　このコンサルタントが調べてみると，会社はみな戦略計画を立て，経営者もほとんどが有能だ（competent）という。だが，事がうまく運ばない。その理由として，このコンサルタントは，従業員に求めている戦略計画の具体的行動が会社の目的と関連していない，責任体制が明瞭でない，従業員を会社にコミットさせる文化がない，といった事情もあるが，一番問題なのは，戦略計画を立てる時に意図しない結果（unintended consequences）に対応していないことだと言う。英国の首相だったマクミラン（Harold Macmillan: 1894-1986）は，ある若いジャーナリストから「政治を軌道から外す最も大きな要因は何ですか」とたずねられた時，「そりゃねえ君，事件ですよ，事件（Events, dear boy, events.）」と答えたという。要するに，政治の世界は予測できない（unpredictable）事件

が多いということだ。しかし，予測できないことはビジネスの世界でも起きる。多くの企業は戦略計画を立てる時に，それを計算に入れていない。そこが問題なのだと，このコンサルタントは言う。そこで必要になるのがコンティンジェンシープランである。

⑥ コンティンジェンシープランの意味

　コンティンジェンシープランを立てることをコンティンジェンシープランニングと言うが，あるビジネスのテキストは，コンティンジェンシープランニングを次のように定義している。

英語で知識を整理

Contingency planning is the process of preparing alternative courses of action that may be used if the primary plans don't achieve the organization's objectives.

コンティンジェンシープランニングとは，最初の計画が組織の目標を達成しない時に利用されるかもしれない代わりの行動指針を準備する過程である。

　この定義から，本来のコンティンジェンシープランとはかなり広い意味であって，必ずしも地震や火事やハリケーンなどの災害（disaster）に対応するだけの計画ではないことがわかる。したがって，contingency plan は上の定義のような広い意味で使われている時は「コンティンジェンシープラン」と訳し，災害や緊急時に対応する計画という狭い意味で使われている時は「緊急時対応計画」，「危機管理計画」などと訳してもよいであろう。あるいは，一貫して「コンティンジェンシープラン」と訳してしまったほうがすっきりするかもしれない。

　参考までに，『バロンズビジネス用語辞典』（*Barron's Dictionary of Business Terms*）のコンティンジェンシープランニングの説明を紹介しておこう。この説明にも災害とか緊急時といった言葉はない。

英語で知識を整理

Contingency planning is an approach seeking to anticipate* future events that are not expected to occur but are possible. Should those events occur, a plan of action to respond effectively would be in place.

コンティンジェンシープランニングは，必ず起こるとは言えないが，起こる可能性のある未来の出来事に事前に手を打とうとする手法である。仮にそのような出来事が起こった場合には，効果的に対応するための行動計画が代わりに使われることになるだろう。

＊ anticipate = 〜の先手を打つ，〜を予想して準備する

⑦ 理論的背景 ── マーフィーの法則

ついでに述べておくと，コンティンジェンシープランニングが必要になる理論的背景として，マーフィーの法則がある。この法則にはいろいろなヴァリエーションがあるが，基本的な言い回しは「うまくいかない可能性のあるものは何でも必ずうまくいかなくなる（Whatever can go wrong *will* go wrong.）」というものである。will がイタリックになっている場合が多いが，これは will に「習性，必然」の意味があるからである。

1990年8月のイラクによるクウェート侵攻をきっかけに起こった湾岸戦争の時に28カ国56万人の後方支援（logistics，兵站（へいたん））の総指揮をとったパゴニス（W. G. Pagonis: 1941-）は，その著書 *Moving Mountains* の中で，次のようなことを述べている。コンティンジェンシープランニングの本質を見事に言い表しているものであり，企業の経営陣は味わいながら読むべきであろう。

「マーフィーの法則は『うまくいかなくなる可能性のあるものは，必ずうまくいかなくなる』というものである。兵站の専門家はこの法則に現実的な知恵があることを認め，2つのやり方で対応する。まず，特定の選択肢を決定し，それを遂行した後であっても，多くの選択肢を可能な限り長く利用できるようにしておく。次に，小さな見過ごし，不足，人間の弱さ，不運といったものが戦略全体の

失敗を決定づけないように、時間と予算の制約内で、採択した選択肢にほどよい冗長性（redundancy，余裕）を組み込んでおく。兵站の専門家はマーフィーの法則を否定するのではなく、それが唱える起こり得る影響を予防しようとするのである。」

　この中で大切なのはredundancyだ。これはもっと平たく言えば「遊び」のこと。「ハンドルに遊びをもたせる」と言う時の「遊び」である。上の文章は、計画を立てる時も遊びをもたせることが、不測の事態に対応する上で大切であると言っているのだ。

意味を言ってみよう

- contingency plan
- operational plan
- acquisition
- wants and needs
- department manager
- work standards
- production quota
- figure out
- unintended consequences
- disaster
- redundancy

- strategic plan
- Murphy's Law
- international market
- public relations
- section manager
- market share
- field supervisor
- competent

- anticipate

- tactical plan
- overall strategy
- top management
- planning
- middle management
- work group
- obsolete

- unpredictable
- logistics

4. アンリ・ファヨール
Henri Fayol

[定義] 近代的な組織理論を構築した人物。

ファヨールの生涯と業績

組織全体の管理理論（administrative theory）を本格的に体系づけた人に，アンリ・ファヨール（Henri Fayol: 1841-1925）がいる。ファヨールはイスタンブールの生まれだが，のちにフランスに移り，職業人生のすべてを採炭業（coal-mining）や冶金業を営むフランスの大企業（Commentry-Fourchambeau-Decazeville，コマントリ・フルシャンボー・ドウカズヴィル社）で送った。ファヨールは鉱山技師（mining engineer）として出発し，最後は最高経営陣の1人になった。ファヨールが入社した当時，この企業はいろいろな問題を抱え，財務状態（financial health）も悪かったが，彼が退職する頃には，フランスで最も成功した企業の1つに変貌していた。

ファヨールは何を行ったのだろうか。彼の最も大きな功績は，組織管理レベル（managing level）と監督レベル（supervisory level）とを区別し，前者の役割に重要性を付与したことだった。つまりは，トップダウンの（top-down）経営方式を確立したのである。彼は，近代的な階層組織（hierarchical organization）の体系的理論を作り上げ，その理論は現代のさまざまな種類の組織に知らぬ間に採り入れられている。なお，ファヨールの理論は，当初はフランス以外ではほとんど知られていなかったが，彼が1916年に著したフランス語の本が，1949年に英訳本 **General and Industrial Management** として出版されるに及んで，世界的に知られるようになった。

では，ここで彼が行ったことを英語で言い表してみよう。

英語で知識を整理

Henri Fayol differentiated between the management and* supervisory levels of an organization, giving more importance to managing than to merely supervising workers.

アンリ・ファヨールは，組織の管理レベルと監督レベルを区別して，監督の担い手よりも管理の担い手により大きな重要性を付与した。

＊ differentiate between A and B ＝ A と B を区別する

組織の6つの活動

ファヨールはまず，組織の活動を次の6つに分けた。

(1) 技術活動（technical activities）
　工学，生産，製造，加工（adaptation）。
(2) 商業活動（commercial activities）
　購買，販売，交換。
(3) 財務活動（financial activities）
　資本の最適利用（optimum use of capital）。
(4) 保全活動（security activities）
　資産（assets）と人員（personnel）の保護。
(5) 会計活動（accounting activities）
　在庫調べ（stocktaking），バランスシート，費用，統計（statistics）。
(6) 管理活動（managerial activities）

　これらの活動を見ると，最初の5つは特定の分野に関わる活動に過ぎず，組織の方向性や組織全体の調整を行う（coordinate）ようなものではない。では，組織全体を統括する活動はどこにあるのだろうか。それが6つ目の管理活動である。一般に，組織の管理者は，金融（finance）とかマーケティングといった特定の分野の専門家であるが，ファヨールは，管理者として備えておくべき横断的かつ基礎的役割を管理活動と呼んだのである。ファヨールの言う管理活動の内

容は次の5つに分かれる。

管理活動

(1) 立案
(2) 組織化（organizing）
(3) 指揮（commanding）
(4) 調整（coordinating）
(5) 統制（controlling）

　立案の役割は，組織を一体化する（unify）ことである。立案に当たっては，当該企業の特質，優先事項は何か，企業の置かれた状態に加え，その企業が属する産業の長期的予測（long-term prediction）や，専門知識を持ったスタッフの分析などを考慮に入れなければならない。そして効果的な立案を行うには，管理者は人を扱う技術にたけ，それなりの活力，道徳性（morality），創造性を持っていなければならない。

　組織化の役割は，組織構造（organizational structure）を確立することである。具体的には，責任と権威（authority）の系統化を行い，情報の流れを一元化することだ。ファヨールは組織化のために管理者がなすべき義務をたくさん挙げているが，そのうちの3つだけを紹介しておこう。それらは，「明瞭，明確，正確な決断ができること」，「創意と責任が好きになること」，「過度の規制，過度の形式的官僚主義（red tape），過度の文書事務（paperwork）と闘うこと」である。

　指揮の役割は，従業員の監督である。管理者は，従業員について完全な知識を持ち，報酬（reward）と罰（punishment）を使い分け，自ら模範を示さなければならない。

　調整の役割は，共通の目的を達するための組織内のさまざまな努力を調整して，効果的，効率的関係を作ることである。そのためには，いろいろな活動を行うタイミングや順序（sequence）を考え，資源や時間などを適切に利用しなければならない。

　統制の役割は，目標や計画が達成されたかどうかチェックすることである。具体的には，すべてが決められた計画，原理，指示（instruction）に従って行われたかを評価する（evaluate）ことである。また，計画が硬直的でなく，変化する環境に適応したものであるかどうかもチェックされる。

ここで，以上をまとめたファヨールの言葉を紹介する。

> **英語で知識を整理**
>
> To manage is to forecast and plan, to organize, to command, to coordinate, and to control.
>
> 管理とは，予測して立案し，組織化し，指揮し，調整し，そして統制することである。

ファヨールの14の管理原則

なお，ファヨールは自らの経験から，**14の管理原則（14 principles of management）** を確立している。すでに述べた管理活動と一部内容が重複しているという批判はあるが，現代の企業のマネジメントに深く浸透しているものなので，ここに紹介しておく。

(1) **分業（division of labor）**
　作業を個々の従業員や作業グループに分割し，生産性を高めること。
(2) 権威
　従業員に命令を下す権利。権威には責任が伴う。
(3) **規律（discipline）**
　従業員が管理者の命令に従うこと。従わない場合の罰則の適用。
(4) **命令の一元化（unity of command）**
　それぞれの従業員は1人の上司からしか命令を受けないこと。
(5) **方向の一元化（unity of direction）**
　組織全体がすべての活動において共通の目的や目標に向かうこと。
(6) **個人の利益を全体の利益の下位に置くこと（subordination of individual interest to the general interest）**
　組織の目的と利益が個人の目的や利益に優先すること。
(7) **報酬（remuneration）**
　従業員がその生産性に応じて，公正平等な報酬を受けること。
(8) **集権化（centralization）**
　意思決定の権限と責任が組織の上層部に集中すること。管理者の仕事の重要度

が増すにつれて，集権化が起こる。これとは反対に，意思決定の権限と責任を組織の下層部に分散することを**分権化（decentralization）**と言う。

(9) **階層の鎖（scalar chain）**

権威と責任が組織の上層部から下層部へと委任されていくこと。ファヨールは階層の鎖を絶対視しているわけではない。迅速な対応が必要な時は階層の鎖は不向きだからである。なお，scalar は hierarchical（階層性の）の意味である。

(10) **秩序（order）**

よい管理によって，原料や人員の重複と無駄を回避すること。

(11) **公正（equity）**

従業員が公正平等に扱われていると感じること。

(12) **人員の安定性（stability of personnel）**

有能な人員を確保し，組織への長期の関与を助長すること。

(13) **創意（initiative）**

個人の創意工夫を促すことが組織にとってプラスになるということ。

(14) **団体精神（esprit de corps）**

組織内の調和と共通の利益を促し，従業員間に良好な人間関係を築くこと。なお，esprit de corps はフランス語である。

意味を言ってみよう

第1章 企業組織・マネジメント

- [ ] administrative theory
- [ ] coal-mining
- [ ] mining engineer
- [ ] financial health
- [ ] supervisory level
- [ ] managing level
- [ ] top-down
- [ ] hierarchical organization
- [ ] differentiate
- [ ] technical activities
- [ ] adaptation
- [ ] commercial activities
- [ ] financial activities
- [ ] optimum use of capital
- [ ] security activities
- [ ] assets
- [ ] personnel
- [ ] accounting activities
- [ ] stocktaking
- [ ] statistics
- [ ] managerial activities
- [ ] coordinate
- [ ] finance
- [ ] organizing
- [ ] commanding
- [ ] coordinating
- [ ] controlling
- [ ] unify
- [ ] long-term prediction
- [ ] morality
- [ ] organizational structure
- [ ] authority
- [ ] red tape
- [ ] paperwork
- [ ] reward
- [ ] punishment
- [ ] sequence
- [ ] instruction
- [ ] evaluate
- [ ] 14 principles of management
- [ ] division of labor
- [ ] discipline
- [ ] unity of command
- [ ] unity of direction
- [ ] subordination of individual interest to the general interest
- [ ] remuneration
- [ ] centralization
- [ ] decentralization
- [ ] scalar chain
- [ ] order
- [ ] equity
- [ ] stability of personnel
- [ ] initiative
- [ ] esprit de corps

ビジネスの気になる論点 ❸

「リーダーシップ(leadership)とは何か」に関してさまざまな見解があるようですが,現在はどのような見方がなされているのでしょうか?

Key points!
① リーダーシップの一般的な定義
② リーダーシップ論でおおむね一致している点
③ 遺伝理論(genetic theory)
④ 特性論(trait theory)
⑤ 行動理論(behavioral theory)
⑥ 状況対応理論(situational theory)
⑦ ベニスが挙げる現代のリーダーに必要な4つの要素

① リーダーシップの一般的な定義

最初に説明の便宜として,リーダーシップの一般的な定義を紹介しておく。

英語で知識を整理

Leadership is the ability to influence employees to work toward organizational goals.

リーダーシップとは,従業員に影響力を及ぼし,組織の目的に向けて働くようにさせる能力である。

② リーダーシップ論でおおむね一致している点

今までリーダーシップに関する研究はさまざまな観点からなされてきたが,その主なものとしては,「リーダーシップ能力は遺伝的な(hereditary)ものかどうか」,「リーダーシップ能力は学習可能か」,「リーダーシップ能力の本質とは何か」,「リーダーシップのスタイルにはどのようなものがあるか」,「リーダーシップと組織の構造との関係」などがある。そして,現在のリーダーシップ論でおおむね意見が一致しているのは次のような点である。

(1) リーダーは作られるのであって、生まれてくるものではない。
(2) リーダーは必ずしもまれな能力（rare skills）を持っているわけではない。
(3) リーダーはいつもカリスマ的（charismatic）であるわけではない。
(4) リーダーは必ずしも従業員を支配し、命令し、操作する（manipulate）わけではない。

では、このような結論に至るまでの研究の足跡をざっと見ておこう。

③ 遺伝理論

まず、遺伝理論から説明する。これはリーダーシップ能力は遺伝的に受け継がれるものであるとする理論で、その根拠は古くは旧約聖書に書かれているサウル（Saul）についての記述（サムエル記上第9章2節）にまでさかのぼる。サウルはイスラエルの初代の王で、生まれながらにして優れた肉体的特徴に恵まれていた。その箇所を読んでみよう。

「彼（ベニヤミン族の族長キシュのこと）には名をサウルという息子があった。美しい若者で、彼の美しさに及ぶ者はイスラエルには誰もいなかった。民の誰よりも肩から上の分だけ背が高かった。」（日本聖書協会 新共同訳）

肉体的特徴を示している「民の誰よりも肩から上の分だけ背が高かった」は英語では、from his shoulder and up he was taller than any of the people となっている。ちなみに、これにちなんで、米国の軍隊では優れた指導者を今でも head and shoulder performer と呼んでいるという。

遺伝理論の強みは、リーダーは自分がなぜリーダーであるかを明瞭に説明できることだ。親から優れた肉体的あるいは知的特徴を受け継いでいると言えばよい。かくして、遺伝理論がヨーロッパの王家（royal family）の世襲制（hereditary system）を支える理論的根拠として引き合いに出されたのもうなずける。しかし、現代の生物学は、親の優れた特性は必ずしも遺伝しないこと、また親が一生の間に獲得した形質も子どもにはそのまま遺伝しないと教えているから、遺伝理論には科学的根拠はないということになる。

④ 特性論

　次に登場したのが特性論である。これは，過去の優れた経営者や各界の指導者と言われている人たちを研究した結果，一定の特性を備えていたことから，これらの特性を備えている人はリーダーシップ能力があるとする理論である。そして，そのような能力としてよく挙げられるものとして，次のようなものがある。**優れた知能（superior intelligence）**，**自信（self-confidence）**，優れた**コミュニケーション能力（communication skills）**，**他人を動機づける能力（ability to motivate others）**，**達成意欲（need for achievement）**，**決断力（decisiveness）**，**創造性（creativity）**である。

　特性論は現代でも人気がある理論だ。例えば，メディアはよくアップル社の**スティーブ・ジョブズ（Steve Paul Jobs: 1955-）**を優れた経営者と判断する根拠として，彼には優れた知能，決断力，創造性があるからだと報じている。しかし，現在は特性論にも根拠がないことがわかっている。その理由としては，一般に次のようなものが挙げられる。ある研究で見出された優れた特性は別の研究では見出されていないこと，研究者が挙げる優れた特性をすべて挙げると少なくとも数百という途方もない数になること，特性論は優れた特性は学習できないとしているから，結局，遺伝理論と同じになってしまうが，実際にはコミュニケーション能力のように学習できるものはあるということである。

　では，ここでジョブズについて英語で確認してみよう。

英語で知識を整理

According to the trait theory, Steve Jobs is regarded as a great leader because he has superior intelligence, decisiveness and creativity.

特性論によると，スティーブ・ジョブズは，優れた知能，決断力，創造性を持つがゆえに偉大なリーダーと見なされている。

⑤ 行動理論

　特性論の弱点をカバーすべく登場したのが，行動理論である。行動理論は，リー

ダーの特性ではなく，リーダーが何をしたかに注目した点に特徴がある。つまり，リーダーとしてなすべき正しい行動があるはずだというのである。初期の行動理論は，どのような状況下であっても正しい行動は1つに決定できると考えていたが，これには無理があった。現在の傾向は，リーダーの行動を2つの要素，つまり作業志向（task orientation）と従業員志向（employee orientation）に分け，その組み合わせ（combination）がどうなるかを考える。作業志向とは，リーダーが作業を達成する面，例えば，仕事の割り振り，組織化，監督，業績評価などに重点を置いて行動することをいう。従業員志向は，部下への配慮（consideration），例えば，信頼，尊敬，温かみなどに重点を置くことである。この線に沿った研究で著名なものに，オハイオ州立大学が行った研究がある。オハイオ州立大学の研究者は，優れたリーダーは作業志向も従業員志向も高いはずだと予測して研究を始めたが，意外にもそれだけではなかったのだ。優れたリーダーシップは，作業志向と従業員志向のさまざまな組み合わせから成り立っていた。つまり，このオハイオ州立大学の結論は，リーダーシップには1つの正しいやり方があるわけではない，多様なやり方があり得る，ということを示していることになる。

⑥ 状況対応理論

　次に現れたのが状況対応理論である。状況対応理論にもいくつかあるが，例えばコンティンジェンシー理論（contingency theory）では，リーダーは状況に応じてそのマネジメントスタイルを変えるか，あるいは状況に応じて適切なリーダーが選択されなければならない，としている。英国の首相チャーチル（Sir Winston Churchill: 1874-1965）は，第二次世界大戦中は偉大な指導者であったが，1930年代には政治家としては失敗者と見られていたし，また戦後の1945年の総選挙では英国国民から拒絶されている。1人の人間が状況いかんによって国民にリーダーとして認められたり拒絶されたりしているというこの事実は，状況対応理論の正しさを示唆するものである。コンティンジェンシー理論を唱えたフィードラー（Fred Edward Fiedler: 1922-）は，「理想的なリーダーなどは存在しない。あるのはリーダーと状況である（There are leaders, and there are situations.）」と自らの研究結果を結論付けている。

⑦ ベニスが挙げる現代のリーダーに必要な4つの要素

しかし，状況対応理論にも弱点はある。現実に直面する状況は無限に多様であるから，適切なリーダーも無限に多様なものになる。これでは何のためにリーダーシップを研究しているかわからない。だから，リーダーシップ研究は結局は不毛なのではないか，という意見もある。例えば，現在，組織のリーダーシップの研究では第一人者と目されている南カリフォルニア大学教授・**ベニス（Warren Bennis: 1925-）** は，次のように述懐している。

「リーダーシップは終わりのない問題であるし，また興味の尽きないものである。なぜなら，この問題を完全に理解しようと両腕を伸ばしても，決して捉えることはできないからだ。私はいつも蝶を追いかけている蝶研究家のように思えてならない。」

そこで，ベニスは状況とは無関係に，現代に必要なリーダーシップ能力を抽出している。彼は，あるエッセイの中でこう述べている。英語で見てみよう。

英語で知識を整理

I do think that there are contextual* and cultural factors, but I'm saying that, regardless of culture and context, these four factors are essential.

私も状況的，文化的な要素はあるとは確かに思いますよ。しかし，私は文化や状況いかんにかかわらず，これらの4つの要素が（リーダーシップには）絶対に必要だと言っているのです。

* contextual = 文脈の（ここでは「状況的な」）

その4つとは次のようなものだ。

(1) 複雑で激しく変化する現代に**適応する能力（adaptive capacity）**。
(2) **部下（follower）** を共通の意味のある目標に従事させる能力。

(3) 自分自身を知り，**心の知能（emotional intelligence）** を育て，そしてどのようにして他の人に影響を及ぼすかを絶えず学習すること。心の知能とは，自己の感情の統制能力や自己及び他人の感情への感応力のこと。
(4) **道徳の羅針盤（moral compass）** と信念体系を持つこと。

最後に，ベニスの非常に有名な言葉を紹介する。これは管理者とリーダーの違いを見事に言い表している。

英語で知識を整理

Managers do things right. Leaders do the right things.
管理者は事を正し，リーダーは正しい事をする。

意味を言ってみよう

- [ ] leadership
- [ ] behavioral theory
- [ ] rare skills
- [ ] royal family
- [ ] self-confidence
- [ ] ability to motivate others
- [ ] decisiveness
- [ ] employee orientation
- [ ] contingency theory
- [ ] follower
- [ ] genetic theory
- [ ] situational theory
- [ ] charismatic
- [ ] hereditary system
- [ ] communication skills
- [ ] creativity
- [ ] combination
- [ ] contextual
- [ ] emotional intelligence
- [ ] trait theory
- [ ] hereditary
- [ ] manipulate
- [ ] superior intelligence
- [ ] need for achievement
- [ ] task orientation
- [ ] consideration
- [ ] adaptive capacity
- [ ] moral compass

第2章
生産性・女性とビジネス

5. 科学的管理法
scientific management

【定義】 労働者の作業を科学的に分析して，労働の効率性と生産性を最大化するための組織管理法。

テイラーの生涯

　科学的管理法を考案したのはアメリカ人の**フレデリック・テイラー**（Frederick Winslow Taylor: 1856-1915）である。テイラーは，両親の希望もあって，弁護士になるためハーバード大学を受験し合格したものの，視力が急速に悪化したために，他の道を選択せざるを得なくなった。そこで，フィラデルフィアの揚水器を製造する会社に見習工（apprentice）として入社した。1878年にはミッドヴェール製鋼所に未熟練の（unskilled）機械工として入社，この間スティーヴンス工科大学に通い，機械工学の修士号（master's degree）を得た。1889年には，その功績を認められて，ミッドヴェール製鋼所の主任技師（chief engineer）に昇格。その後，数社を経て独立し，マネジメントに関するコンサルタント業に転じた。そして1911年には，彼の理論を体系的に説明した ***The Principles of Scientific Management*** を出版した。

テイラーの信念

　テイラーは，経済的繁栄は労働者の生産性（worker productivity）を高めることによって初めて達成されるとの強い信念を持っていた。彼はなぜこのような信念を持つに至ったのだろうか。それを知るためには，当時のアメリカの時代状況を考慮に入れなければならない。まず，18世紀にイギリスで起きた産業革命（the Industrial Revolution）の後，先進諸国は，新しい産業社会の出現とビジネスの拡大に対応すべく，作業の効率化を一層推進しなければならない状況にあった。また，経済の拡大が進む中，アメリカは労働力を補うために，大量の移民（immigrant）を外国から受け入れていたが，彼らは民族的にも文化的にも多様で，仕事に対する態度も一様ではなかった。要するに，仕事をさぼりがちな者もいたということである。こういった諸事情から，アメリカの産業社会は，労働

者の行う仕事の質と量を標準化(standardization)し,管理しやすいものにする必要に迫られていた。そこでテイラーは,労働者の仕事のやり方を見直し,労働者の仕事に対する態度を変えることが効率化への唯一の道であると考えるに至ったのである。

では,この部分の内容を英語で表現してみよう。

英語で知識を整理

> Taylor believed that maximum efficiency could be achieved only by redesigning work and by changing workers' attitudes toward work.
>
> テイラーは,仕事を設計し直し,労働者の仕事に対する態度を変えることによって初めて,最大限の効率性が達成できると信じた。

科学的管理法の内容

テイラーの科学的管理法の主な内容は次の通りである。

● 時間動作研究(time and motion study)

これは,特定の作業を構成するさまざまな行動を計測し分析する研究である。具体的には方法研究(method study)と作業計測(work measurement)の2つに分かれる。方法研究は,労働者の作業のやり方や作業に使用する道具を研究することであり,作業計測は,特定の作業を行うのに必要な時間を分析研究することである。テイラーは旋盤工(lathe operator)や鋳物用銑鉄(pig iron)を扱う工員,その他の作業に従事する工員を観察し,ストップウォッチを使って彼らの作業時間を計測し,それぞれの作業を基礎的作業単位(basic work units)に細かく分解していった。このような方法によって,ある作業を行うための「ただ1つの正しい方法(the one right way)」を科学的に突き止めていった。この正しい方法に従って1日の最大の作業量を決め,この作業量を果たす労働者を彼は「一流の労働者(first-class worker)」と呼び,すべての労働者が一流の労働者になることを求めた。

●明確な業績基準 (performance standards) による動機づけ

テイラーが改革を行う前は，労働者は自らの勘と経験，自発性とインセンティブ (incentive) に基づいて仕事をしていたため，労働者の仕事量もばらばらであった。そのため，何が適正な仕事量なのか，何が公正な報酬なのかの信頼できる判断基準がなかったのである。しかし，テイラーの時間動作研究によって，1日の最大の仕事量が決定されることになり，仕事量と公正な支払い (fair pay) との関係も決定されることになった。これは労働者側から見れば，どれだけの仕事をすればどれだけの報酬が得られるかが可視的になったということであり，これによって労働者は仕事への動機づけが強められることになった。

●適切な人を適切な作業に

テイラーは，誰でも何らかの作業で一流の労働者になれる能力を持っているとし，それを「科学的に」決めるのは管理者の仕事であるとした。

では，ここでテイラーの科学的管理法を英語で整理しておこう。

英語で知識を整理

Scientific management is an analytical way to observe how workers perform their jobs and find the most efficient ways of doing jobs.

科学的管理法とは，労働者の仕事のやり方を観察し，最も効率的な仕事のやり方を見つけるための分析的方法である。

テイラーの評価

多くの企業は，テイラーの科学的管理法を導入し，作業効率の大幅な改善，コストの削減 (reductions in costs)，そして労働者の賃金を増やすことに成功したが，テイラーのやり方には批判も絶えなかった。彼の科学的管理法はあまりにも機械的で，人間をまるでチェスの駒のように扱っているとか，人間を犬のように訓練しているといった批判が，特に労働組合 (labor union) から浴びせられた。そのため現代でも，科学的管理法といえば即座に非人間的 (inhumane) だ

と決め付ける人が多い。ドラッカーは，「あなたはマネジメントの**グル（guru, 導師）**の中のグルですね」と人から言われた時，「その賛辞はテイラーにあげてください」と語ったと言われている。なぜだろう。その解答は，ドラッカーの *Management: Tasks, Responsibilities, Practices* の中にある。その部分を和訳しておこう。なお，この中に出てくる**賃金鉄則（the iron law of wages）**とは，資本主義社会では労働者は生命を維持するに足るだけの最低限の賃金しか得られない，という考えである。

「今日，テイラーを批判し，見下し，彼の**時代遅れの心理学（outmoded psychology）**を糾弾することが流行になっている。しかし，テイラーは人間の歴史の中で，仕事をそのまま受け止めず，細かく観察し研究した最初の人間である。彼の仕事に対するアプローチは今でも産業の基盤となっているものだ。そして，テイラーの労働者に対する取り組み方は明らかに19世紀の人のものではあるが，彼は，工学的目的あるいは利潤目的というよりも，社会的目的から出発したのである。テイラーを仕事に向かわせ，最後まで動機づけたものは，何にもまして，肉体と精神を破壊する**重労働（heavy toil）**の重荷から労働者を解放してやりたいという思いだった。そして，労働者を経済的不安定と終わりなき貧困へと宿命づける，古典派経済学者（マルクスを含めて）の唱える賃金鉄則を破りたいという期待もあった。テイラーの期待 ── それは先進国では大部分実現されたが ── は，労働生産性の向上を通して，労働者に**人間らしい生活（decent livelihood）**を実現することだった。」

最後にテイラー自身の言葉を英語で紹介しよう。

英語で知識を整理

The principal object of management should be to secure the maximum prosperity for the employer, coupled with* the maximum prosperity of each employee.

マネジメントは，雇用者に最大限の繁栄を確保し，それに加えてそれぞれの従業員に最大限の繁栄を確保することを主たる目的とすべきである。

* coupled with 〜 = 〜に加えて

意味を言ってみよう

- scientific management
- master's degree
- the Industrial Revolution
- time and motion study
- lathe operator
- the one right way
- incentive
- labor union
- the iron law of wages
- decent livelihood
- apprentice
- chief engineer
- immigrant
- method study
- pig iron
- first-class worker
- fair pay
- inhumane
- outmoded psychology
- coupled with 〜
- unskilled
- worker productivity
- standardization
- work measurement
- basic work units
- performance standards
- reductions in costs
- guru
- heavy toil

6. ホーソン効果
the Hawthorne effect

【定義】 労働者の生産性が，単に自分に注意が向けられているという事実により向上すること。

メイヨーとある相談

オーストラリア生まれで，のちにアメリカに移住し，フィラデルフィア大学に職を得た社会心理学者**メイヨー（Elton Mayo: 1880-1949）**は，フィラデルフィアの繊維工場（textile plant）から次のような相談を受けた。テイラーの科学的管理法を実践しているが，労働者の効率性も生産性も一向に上がらない。ある作業場では転職率（personnel turnover）が250%と異常に高い。この原因は何なのだろうか。

メイヨーがこの作業場の労働者たちに面接すると，労働者たちは仕事柄か，長時間座っていると足が痛くなると不満を述べた。これを聞いたメイヨーは，会社に休憩時間（rest period）をもっと増やすように言い，簡易小型ベッド（cot）を用意させた。すると，労働者の生産性と士気は劇的に上がり，転職率も6%にまで急降下した。誰もがこの改善は休憩時間を多く設けたことが原因だと考えた。ところが話はここで終わらなかった。

ホーソン実験

その後，メイヨーはハーバード大学に移ったが，その頃，シカゴの郊外にあるウエスタン・エレクトロニクス社ホーソン工場では，物理的労働条件（physical working conditions）が労働者の生産性に与える影響を調べる一連の実験，つまりホーソン実験（the Hawthorne Experiments）が行われていた。ホーソン工場は電話や電話関連機器を製造している会社で，当時は従業員が2万9,000人いた。この実験に，メイヨーが参加することになったのである。

実験では，労働者の生産性に影響を与えると考えられるさまざまな要因（金銭的報酬などもこれに入る）が調べられていたが，中でも有名なのが照明（lighting）のテストである。このテストは労働者の作業に最適な照明の強さを定めることが目的だった。そのため労働者を2つのグループに分けた。1つは対照群（control group）で，このグループは照明の明るさを一定に保った。もう1つのグループ

は照明の明るさが変化する作業場で働いた。結果は誰もが驚くほど意外だった。照明の明るさをどう変えても，労働者の生産性が増したのである。この実験結果と，先のフィラデルフィアの繊維工場での実験結果を突き合わせて，メイヨーは，明瞭な物理的原因ではない何かが働いているのではないかと考え，労働者に一連の面接を行った。そしてメイヨーはこの実験結果を次のように観察した。

観察結果
(1) 実験が行われていた作業場が1つの社交的単位（social unit）となり，働きやすい環境になっていた。
(2) 実験中の労働者と監督者（supervisor）の関係がリラックスしたものだった。
(3) 労働者は自分が注目され，意味のある実験に参加していると認識し，より生産的に働いた。（ホーソン効果）
(4) 実験に参加することで労働者の相互関係が強化され，グループへの帰属意識（sense of belonging）が強化された。

メイヨーの結論
以上の観察に基づいて，メイヨーはこう結論づけた。英語で見てみよう。

英語で知識を整理

Job satisfaction* and worker productivity depend more on cooperation and a feeling of worth than on physical working conditions.

職務満足と労働者の生産性は，物理的労働条件よりも，人との協力や自分が役立っているという意識のほうにより強く依存する。

＊job satisfaction = 職務満足

メイヨーはこの結論から，新しい管理者のあるべき姿は，よそよそしく（aloof）ないこと，人間志向（people-oriented）であること，気遣いがある（concerned）こと，人間関係や社会的状況を扱うのが巧みなことであると語っている。

人間関係論

　組織の効率や個人の職務満足は人間関係の改善を通して達成されるとするメイヨーのような立場を，**人間関係論（human relations theory）**と言う。しかし，その後の研究によって，組織内の人間関係の改善がいつも組織の効率を高めることにはならないことが明らかになっている。また，テイラーの科学的管理法を一概に否定することも間違っている。両者をどう調和させるか。それが問題なのである。

　では，最後にホーソン実験のまとめを英語で見てみよう。

英語で知識を整理

> **The Hawthorne Experiments emphasized the importance of workers' social and psychological factors and the need to be more attentive to the social values of the organization and its employees.**
>
> ホーソン実験は，労働者の社会的心理的要因の重要性と，組織と従業員の社会的価値観にもっと配慮する必要性を強調した。

意味を言ってみよう

- ☐ the Hawthorne effect
- ☐ textile plant
- ☐ personnel turnover
- ☐ rest period
- ☐ cot
- ☐ physical working conditions
- ☐ the Hawthorne Experiments
- ☐ lighting
- ☐ control group
- ☐ social unit
- ☐ supervisor
- ☐ sense of belonging
- ☐ job satisfaction
- ☐ aloof
- ☐ people-oriented
- ☐ concerned
- ☐ human relations theory

ビジネスの気になる論点 ❹

X理論（Theory X），Y理論（Theory Y），Z理論（Theory Z）とはどのような内容の理論なのですか？

Key points!
① マクレガーについて
② X理論とマネジメントスタイル
③ Y理論とマネジメントスタイル
④ マズローの欲求段階説（Maslow's hierarchy of human needs）
⑤ Z理論及びタイプJとタイプA

① マクレガーについて

　これらの理論はいずれもアメリカの心理学者**マクレガー**（Douglas McGregor: 1906-1964）が唱えた理論である。マクレガーはテイラーが唱えたような伝統的な科学的管理法をX理論と名付け，メイヨーや**マズロー**（Abraham Harold Maslow: 1908-70）が唱えた新しい人間観に基づく人の動かし方をY理論と名付けた。Z理論は，マクレガーがX理論とY理論の分類に関し批判を受けた際に新たに提唱した折衷的な理論で，この理論は**オオウチ**（William Ouchi: 1943-）によって精緻化された。

　まず，X理論とY理論の内容をマクレガーの著書 *The Human Side of Enterprise* から要約する。あわせて，それぞれの理論から導き出されるマネジメントスタイルの特徴も整理しておく。

② X理論とマネジメントスタイル

●X理論
(1) 平均的人間（average human being）は，仕事が本来的に嫌いであり，できることなら仕事をしたくないと思う。
(2) 仕事を嫌うこのような人間の性質ゆえに，ほとんどの人は強制されたり，コントロールされたり，命令されたり，処罰すると脅されたりしなければ，

組織の目的に向けて十分な努力を注ぐことができない。
(3) 平均的人間は，命令されることを好み，責任を回避し（avoid responsibility）たいと思い，比較的野心は少なく，とりわけ安全（security）を望む。

●X理論から導き出されるマネジメントスタイルの特徴
(1) 従業員に対しては綿密で確固たる管理が必要である。
(2) 従業員にははっきりと特定された作業や目的を与える必要がある。
(3) 人を働かせるには，より大きな報酬を与えるという約束と処罰するという脅し，つまりアメとムチ（carrot and stick）の両方の動機づけが必要である。

では，ここでX理論を英語で整理しておこう。

英語で知識を整理

Theory X is a management theory based on the assumption that most people are naturally reluctant to work and need discipline, direction, and close control if they are to meet their work requirements.

X理論は，たいていの人は生来的に働くことを嫌がるので，仕事の要求を満たすためには，鍛錬，命令，綿密なコントロールを必要とするという前提に基づくマネジメントの理論である。

③ Y理論とマネジメントスタイル
●Y理論
(1) 仕事に肉体的・精神的努力を注ぐことは，遊びや休息と同様に自然なことである。平均的人間は本来的に仕事が嫌いなわけではない。条件次第で仕事は満足の源泉（source of satisfaction）になり得る。
(2) 外的コントロール（external control）や処罰するとの脅しだけが，人の努力を組織の目的に向ける手段ではない。人間は自分が身を捧げられる目的

のためなら，自分自身に命令を下し，自分自身をコントロールできる存在である。
(3) 目的に身を捧げるかどうかは，目的を達成して得られる報酬にかかっている。このような報酬で最も意義のあるものは，自我と自己実現欲求の満足であり，これらは組織の目的に努力を向けることによって直接得られるものである。
(4) 平均的人間は，適切な条件の下では，**責任を引き受ける（accept responsibility）** だけでなく，進んで責任を果たそうとするものである。
(5) 組織の問題を解決するに当たって，比較的高度な想像力，**創意工夫（ingenuity）**，創造力などを駆使する能力は，人間集団に，狭くではなく，広く配分されている。
(6) 現代の企業では，平均的人間の**知的潜在能力（intellectual potentialities）**は，ごく一部しか活用されていない。

●Y理論から導き出されるマネジメントのスタイルの特徴
(1) 組織の下層レベルにある労働者にも権限を委譲し，労働者が自ら意思決定を行い，自分自身の能力を信頼できるようにすべきである。
(2) 仕事は労働者にとって興味深いものにすべきである。
(3) それぞれの仕事の責任レベルを引き上げるべきである。
(4) お金だけではなく，労働者の多様な心理的欲求を満たすような新しい報酬を工夫すべきである。
(5) 尊敬を持って労働者を扱い，仕事の内容・設計・結果に関しもっと多くの情報を彼らに与えるべきである。

では，ここでY理論を英語で整理しておく。

英語で知識を整理

Theory Y is a management theory based on the assumption that employees want to work, achieve, and take responsibility for meeting their work requirements.

Y理論は，従業員は働き，達成し，仕事の要求を満たすことに責任を持ちたいと思っているという前提に基づくマネジメントの理論である。

　以上のような分析を経て，マクレガーは組織の管理のあり方としてはY理論のほうが優れているとして，組織の目的と個人の欲求・目的が調和するような労働環境（working environment）を確立すべきであるとし，産業界に多大な影響を与えたのであった。

④ マズローの欲求段階説
　ここで，マクレガーに大きな影響を与えたアメリカの心理学者マズローが，その著書 *Motivation and Personality* の中で説いた欲求段階説を紹介しよう。
　マズローは，人間のさまざまな欲求を下位の欲求から上位の欲求まで，次のように5段階に分けた。

(1) 生理的欲求（physiological needs）
　食べ物，水，住まい（shelter），暖かさ，休息，睡眠などへの欲求。
(2) 安全の欲求（safety needs）
　肉体的安全，仕事や賃金の確保などへの欲求。
(3) 社会的欲求（social needs）
　集団への帰属願望，他人から受け入れられたいという欲求。
(4) エゴの欲求（egoistic needs）
　他人から尊敬されたい欲求，名声（prestige）や権力などへの欲求。
(5) 自己実現の欲求（self-actualization needs）
　自分の能力や才能を最大化したいという欲求。

欲求の5段階

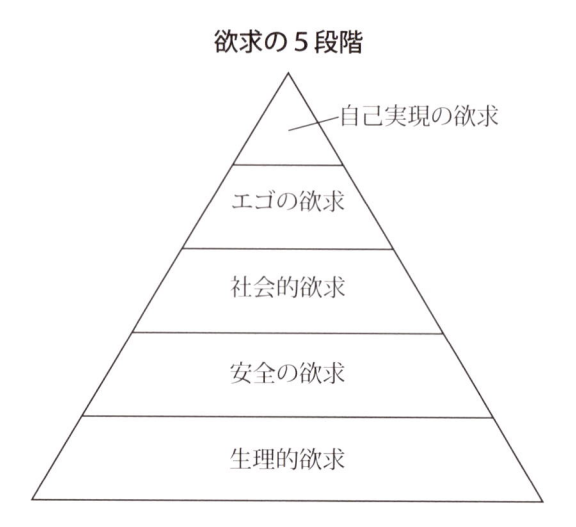

```
        自己実現の欲求
         エゴの欲求
         社会的欲求
         安全の欲求
         生理的欲求
```

　一番下位の生理的欲求は，生存にとって最も基本的なものである。人間はパンがない時は，パンだけでしか生きられない（Man lives by bread alone when there is no bread.）。しかし，この欲求が満たされると，生理的欲求はもはや動機づけ要因（motivator）にはならず，さらに上にある次の階層への欲求が動機づけ要因となる。こうして欲求の階層を登って，最後にたどり着くのが自己実現の欲求である。

　マズローの欲求段階説は人間生活一般に適用されることを意図しているもので，ことさら職場での動機づけを念頭に置いたものではない。しかし，マズローの洞察は職場においても十分に適応可能である。マクレガーはそれを怠ってきた科学的管理法を，*The Human Side of Enterprise* の中でこう批判している。

「一般的な産業組織は，組織階層の下位にある人々に対して，エゴの欲求を満たすための機会をほとんど与えていない。特に，大量生産（mass production）を採り入れている産業での伝統的な仕事の組み立て方は，人間を動機づけるこうした高次の欲求にほとんど注意を払っていない。『科学的管理法』という業務慣行がこのような欲求を意図的に妨害するように計算されたものであるとするなら（もちろん，そうではないだろうが），今以上に働く者のエゴの欲求を満たすことは，まずできないであろう。」

⑤ Z 理論及びタイプ J とタイプ A

　左ページの引用部分からもわかるように，マクレガーは X 理論と Y 理論を互いに両立し得ない（incompatible）ものと硬直的に捉えていたところがあり，その点を批判されて，のちに Z 理論というものを提案した。マクレガーが示した Z 理論は次のようなものを骨子としていた。

●マクレガーの Z 理論の骨子
（1）終身雇用制（lifetime employment system）
（2）従業員への配慮（concern for employees）
（3）合意による決定（decision by consensus）
（4）質への献身（commitment to quality）

　マクレガーの Z 理論は彼の死後ほとんど忘れ去られていたが，それを 1970 年代に入り再び取り上げたのがウイリアム・オオウチであった。オオウチは，日本型企業をタイプ J，アメリカ型企業をタイプ A とし，アメリカの企業で日本型企業の要素を採り入れた企業をタイプ Z と分類した。タイプ Z の企業の例としては，コンピュータのメーカーであるヒューレット・パッカード社がある。参考のために，タイプ J とタイプ A の違いを表にしておく。

タイプ J	タイプ A
終身雇用制	短期的雇用
遅い昇進	早い昇進
スペシャリストでないキャリア経路	スペシャリストのキャリア経路
黙示のコントロールシステム	明示のコントロールシステム
集団的意思決定	個人による意思決定
集団責任	個人の責任

では，最後にZ理論を英語で整理しておこう。

英語で知識を整理

Theory Z is a management theory based on the assumption that greater employee involvement leads to greater productivity.

Z理論は，従業員の関わりを大きくすることが生産性の増大につながるという前提に基づくマネジメントの理論である。

意味を言ってみよう

- ☐ Theory X
- ☐ Theory Y
- ☐ Theory Z
- ☐ Maslow's hierarchy of human needs
- ☐ average human being
- ☐ avoid responsibility
- ☐ security
- ☐ carrot and stick
- ☐ source of satisfaction
- ☐ external control
- ☐ accept responsibility
- ☐ ingenuity
- ☐ intellectual potentialities
- ☐ working environment
- ☐ physiological needs
- ☐ shelter
- ☐ safety needs
- ☐ social needs
- ☐ egoistic needs
- ☐ prestige
- ☐ self-actualization needs
- ☐ motivator
- ☐ mass production
- ☐ incompatible
- ☐ lifetime employment system
- ☐ concern for employees
- ☐ decision by consensus
- ☐ commitment to quality

7. ウーマノミクス
womenomics

【定義】 女性を活用する経済のこと。

3つのW

最近，マスコミや論壇などで，21世紀の世界を形成する**新たな力（emerging forces）**として，次の3つのWがよく取り上げられる。

(1) Weather（天候）
(2) Web（インターネット）
(3) Women（女性）

1つ目のWeatherは，端的に言えば，**地球温暖化（global warming）**のことである。例えば，地球温暖化により南極の氷が解けて海面が上昇すると，低海抜の島国はその直撃を受け，国の存続そのものが危ぶまれる。また，**砂漠化（desertification）**も進み，農業や漁業が影響を受け，食糧不足や**飢饉（famine）**の危険も増大する。このまま温暖化が進行すれば，地球の，そして人類の存続そのものが危ぶまれるのである。このように，地球温暖化は人類に大きな課題を突きつけているが，同時に地球の**持続可能な未来（sustainable future）**を築く貴重な機会を提供していると見ることもできる。地球温暖化は21世紀の世界に最大級の影響力を持っている。

2つ目のWebは，情報通信技術の発展とともに，私たちの生活や仕事，情報通信や情報処理のあり方を大きく変えている。例えば，ウィキリークスという**非営利組織（nonprofit organization）**は，その目的を「一般大衆に重要なニュースや情報を伝えること」とし，毎日のように各国の政府，企業，宗教団体，政治などの機密を暴露し，国の**外交（diplomacy）**や情報管理のあり方に多大なる影響を与えている。また，個人のブログがきっかけになり，政治的暴動が誘発されることもある。インターネットもまた，功罪いずれにおいても，21世紀の世界に測り知れない影響力を持っている。

そして，3つ目のWomenであるが，女性も上に挙げた2つに負けず劣ら

ず，21世紀の世界，特にビジネスの世界に大きな影響を持っていると考えられている。その理由は何だろうか。**Why Women Mean Business**（著者は Avivah Wittenber-Cox と Alison Maitland）という本によれば，主に次の3つがあるという。順に見ていこう。

女性の3つの影響力
(1) 技能と才能

　　いろいろな調査によって明らかにされているが，現在女性は多くの学科（academic subject）において，またほぼすべての教育レベルにおいて，男性よりも成績がよい。ヨーロッパ，アメリカ，そして経済協力開発機構（OECD）に加盟しているその他の国々では，大学卒業生の過半数（majority）がすでに女性によって占められている。先進国ではこの数字が2005年の57%から2025年には63%になる，とOECDは推定している。

　現在，多くの企業が人材（talented people）の不足，特にその企業にとって重要な技能（key skills）を持った人の不足を感じながらも，そのような人材をどこで見つけたらよいか悩んでいる。企業は，女性たちが人材プール（talent pool）であることを十分に認識し，今以上に女性を活用すべきである。

(2) 性別バランスが取れたリーダーシップ

　　企業が相手にする顧客は男性だけではない。半分は女性である。グローバル化によって文化的多様性（cultural diversity）も増している。また，男性の判断は個人的，短期的で，リスクをいとわない傾向があるが，女性の判断はチーム全体を考え，長期的で，リスクを回避する傾向がある。現在の世界的金融危機は男性の偏った判断が招いたとも言える。女性を企業の幹部として今以上に登用し，指導層の性別バランス（gender balance）を取り，適切な意思決定ができるようにすべきだ。

　イギリスのリーズ大学の研究によると，企業の役員にたった1人女性を入れるだけで，その企業は約20%も倒産（bankruptcy）の危険が少なくなるという。また，フランスでは金融危機の後遺症で2008年度はどの大企業も株価（share price）を下げているが，唯一下げなかった企業が高級なアクセサリーや香水などを扱っているエルメス（Hermès）であった。エルメスは管理職に占める女性の割合が55%で，この割合はフランスの優良企業

(blue chip) の中で 2 番目に高い。管理職に性別バランスを取ることは，企業の最終収益額（bottom line）にとってよい結果をもたらすが，それだけではない。最近の多くの研究では，国全体の経済成長や幸福（well-being）の増進にも役に立つことがわかっている。

(3) 女性は市場（marketplace）の半分以上を代表している

　　働く女性が増えるにつれ，女性の購買力（purchasing power）が増している。ある調査によると，アメリカでは，消費の購買決断の 80% は女性が行うという。この決断には，車，コンピュータ，さらには保険（insurance）の購入まで含まれる。トラベラーズチェックやクレジットカードを発行するアメリカン・エキスプレスの日本における販売部は 70% が女性であり，この会社のある幹部は次のように述べている。英語で見てみよう。

英語で知識を整理

The traditional housewife controls everything here, and all the money. Men get an allowance* and must ask their wives for money to buy larger items. We used to target our cards only at men, and the ads spoke to successful men. We have a new concept that targets women, that has proved very successful.

わが社では伝統的な主婦がお金から何まですべてを牛耳っています。男性は妻から小遣いをもらい，やや高い買い物をする時は妻にお金を無心します。わが社はかつては男性だけをターゲットにし，広告も成功した男性向けでした。今は女性をターゲットにする新しいコンセプトを設け，それがかなりうまくいっています。

* allowance = 小遣い

ウーマノミクスの由来

　以上に挙げた女性の 3 つの影響力をうまく活用していくことが，ウーマノミクスである。この言葉の初出は定かではないが，1999 年にはすでにアメリカの大手投資銀行であるゴールドマン・サックスが，Portfolio Strategy: Womenomics *Buy the Female Economy*（ポートフォリオ戦略：ウーマノミクス。女性経済は買い）というタイトルの報告書を発表している。この段階では造語というニュアンスを出すためか，Women-omics とハイフンが付いている。しかし，2005 年の同種の報告書では Womenomics: Japan's Hidden Asset（ウーマノミクス：日本の隠れた資産）というタイトルになり，Womenomics とハイフンがなくなっている。同銀行はこれらの報告書の中で，womenomics を明確に定義しているわけではない。しかし，最初の報告書では women-omics = the female economy（女性の経済），のちの報告書では Womenomics = Japan's Hidden Asset としていることから考えて，「ウーマノミクス」は「女性を活用する経済」のような意味で使われているのであろう。

意味を言ってみよう

- ☐ womenomics
- ☐ desertification
- ☐ nonprofit organization
- ☐ majority
- ☐ talent pool
- ☐ bankruptcy
- ☐ bottom line
- ☐ purchasing power
- ☐ emerging forces
- ☐ famine
- ☐ diplomacy
- ☐ talented people
- ☐ cultural diversity
- ☐ share price
- ☐ well-being
- ☐ insurance
- ☐ global warming
- ☐ sustainable future
- ☐ academic subject
- ☐ key skills
- ☐ gender balance
- ☐ blue chip
- ☐ marketplace
- ☐ allowance

ビジネスの気になる論点 ❺

女性の労働人口を増やすことが日本が抱える少子高齢化問題に対する１つの解決策になるとの考えがあるようですが，それは本当なのでしょうか？

Key points!
① 少子高齢化対策４つの方法
② 働く女性が増えれば子どもも増える
③ 成功例 —— フランス
④ 失敗例 —— 日本

① 少子高齢化対策４つの方法

少子高齢化（aging population and falling birth rate）は，先進国，特にドイツや日本では働き手が少なくなるという意味において，非常に深刻な問題になっている。この問題の解決法としては，一般に次の４つが挙げられる。

（1）出生率（fertility rate）を引き上げる
（2）移民をもっと増やす
（3）女性の労働参加を高める
（4）退職年齢（retirement age）を引き上げる

この中で一番わかりやすい解決法は（1）の「出生率を引き上げる」であろう。しかし，もし（3）の「女性の労働参加を高める」という方法をとった場合には，働くために独身のままでいる（stay single）女性が増えるはずだから，直感的には出生率が下がるのではないかと思われる。つまり，働く女性が増えれば増えるほど，出生率は下がるのではないかと考えられるのだ。

> **英語で知識を整理**
>
> **The more women work, the further the birth rate will decline.**
> 働く女性が増えれば増えるほど，出生率は下がるであろう。

② 働く女性が増えれば子どもも増える

　ところが，実際の経験に基づく証拠によれば，このような考え方は裏付けられていない。女性労働参加率（female labor participation rate）が高い国では，出生率が下がるどころか逆に上がっているのである。これを示しているのが右ページのグラフ（図１）だ。これを見ると，女性労働参加率が一番低いイタリアは出生率も一番低い。逆に，女性労働参加率が高いアメリカやスウェーデンは出生率も高い。日本はドイツと同様に，女性労働参加率はそれほど高くなく，出生率も低い。つまり，女性労働参加率と出生率は正の相関関係（correlation）にあるということである。

　以上の内容を平易な英語で整理すると次のようになる。

> **英語で知識を整理**
>
> **Women's participation in the workforce goes hand in hand with population growth.**
> 女性の労働参加は人口増加と両立する。

図1　**女性の労働参加率と出生率は正の相関関係にある**

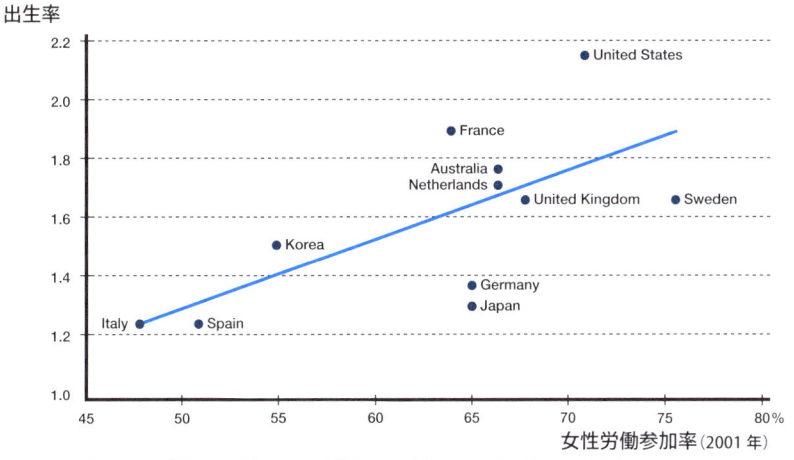

出生率

国	女性労働参加率	出生率
Italy	~48	~1.25
Spain	~51	~1.25
Korea	~55	~1.50
Germany	~65	~1.37
Japan	~65	~1.30
Netherlands	~64	~1.72
Australia	~64	~1.75
France	~64	~1.89
United Kingdom	~67	~1.66
United States	~71	~2.13
Sweden	~76	~1.66

女性労働参加率（2001年）

Source: Ministry of Internal Affairs and Communications (MIC)

　出生率の引き上げに成功しているフランスと，失敗している日本の女性の労働参加の実情を見てみよう。

③ 成功例 —— フランス

　フランスはかつて，出生率の低下に悩んでいた。1995年には出生率が1.65まで下がっているが，その後の政府の努力によって2006年には2.01にまで回復，2010年も2.01であった。なぜここまで回復したのか，具体的に見てみよう。

　フランスのエリート高等教育機関グランゼコール・ビジネススクールの2005年と2007年の報告によると，その卒業生の半分は女性で，彼女たちは国の平均出生率以上に多くの子どもを産み，また彼女たちの80%以上がそのキャリア生活のすべてを通して正社員として働いている（work full time）という。また，欧州委員会（European Commission）の報告によると，フランスではパートタイムで働いている女性は雇用されている全女性のうちわずか31%であり，この数字はイギリスの43%，ドイツの46%，オランダの75%と比べるとかなり低い。フランスの女性の労働参加が高いのは，子どもを持つ女性を支える政府のさまざまな援助，例えば，有給育児休暇（paid maternity leave），放課後の学童クラブ（after-school club），デイケアセンター（daycare center），税制の

優遇などが充実しているからだ。とりわけデイケアセンターの充実ぶりは注目に値するもので、1995年の場合、2歳以下の子どもの25%、3歳から5歳までの95%が公立のデイケアセンターに預けられ、出産適齢期（childbearing age）である25歳から39歳までの母親たちの80%が働きに出ている。

④ **失敗例 —— 日本**

フランスの対極にあるのが日本だ。日本は1973年に出生率2.14のピークを迎えた後、徐々に下がり始め、2010年の時点では1.37であった。政府は育児手当（child-rearing subsidy）からデイケアセンターなどさまざまな施策を行ってきているが、すべて功を奏していない。ゴールドマン・サックスの調査によると、日本の場合、デイケアセンターに預けられている子どもの割合は、3歳以下の子どもで13%、3歳から小学校の就学年齢までで34%（2005年時点）である。この数字と先に紹介したフランスの数字とを比較すると、歴然とした差があることがわかるだろう。

また、日本は女性の労働形態を表すM字型（雇用）曲線（M-curve）に他の国よりも悩まされていることがわかる（図2参照）。

図2　　　　　　　　　日本のM字型曲線

女性労働参加率(％)

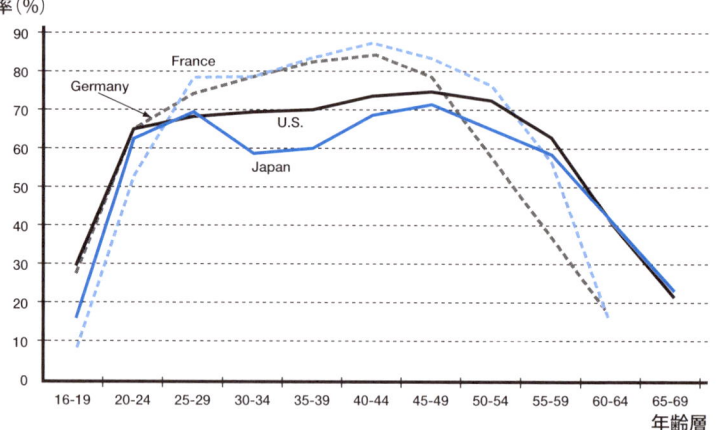

Source: MIC. US Census Bureau, Goldman Sachs Research caluculations.

M字型曲線とは，女性の労働参加率が10代から上昇して20歳から24歳で1つの山になり，その後低下し，再び上昇して40歳から49歳までにもう1つの山ができる，女性特有の労働形態を表す曲線のことである。M字のへこんだところは，女性が結婚もしくは出産によって職場を離れることを意味する。日本の場合，いったん職場を離れるとなかなか復帰できず，仮にできたとしてもほとんどがパートタイムの仕事しか与えられていない。これが女性労働参加率を引き下げている要因の1つなのである。政府も企業も次の等式を念頭に置き，女性のより一層の労働参加を推し進めるべきであろう。

$$\text{より高い労働参加率 (higher labor participation)} \\ = \\ \text{より高い出生率 (higher birth rate)}$$

では，全体を英語でまとめてみよう。

英語で知識を整理

Government policy makers and corporate managers should realize that higher female participation into the workforce implies higher birth rate, higher income, and higher consumption.

政府の政策担当者や企業の管理者は，女性の労働参加を高めることは，出生率，所得，消費の引き上げにつながると認識すべきである。

意味を言ってみよう

- [ ] aging population and falling birth rate
- [ ] retirement age
- [ ] stay single
- [ ] female labor participation rate
- [ ] work full time
- [ ] paid maternity leave
- [ ] daycare center
- [ ] childbearing age
- [ ] M-curve
- [ ] fertility rate
- [ ] correlation
- [ ] after-school club
- [ ] child-rearing subsidy

ビジネスの気になる論点 ❻

企業や管理者について，ジェンダー・バイリンガル（gender bilingual）という言葉が使われることがありますが，これはどのような意味なのですか？

Key points!
① ジェンダー・バイリンガルの狭い意味
② ジェンダー・バイリンガルの広い意味
③ 考慮すべき3つの男女差
④ 男性からの反論

① ジェンダー・バイリンガルの狭い意味

　ジェンダー・バイリンガルは，通常，「企業が男性の言語と女性の言語の両方に耳を傾ける」，つまり「男性と女性を平等に扱う」という意味で使われている。したがって，もしある企業がジェンダー・バイリンガルな企業であれば，まず女性の昇進（promotion）を阻む次のような障害を取り除き，両性の平等を確保するであろう。

女性の昇進を阻む3つの障害

（1）ガラスの天井（glass ceiling）
　　管理職への昇進を阻む，目に見えない差別的障害（discriminatory barrier）のこと。
（2）足止めの床（sticky floor）
　　入社した時の組織の最下層から上がれないこと。
（3）ガラスの断崖（glass cliff）
　　女性が管理職に昇進したとしても，失敗の恐れが非常に高い仕事を与えられること。

② ジェンダー・バイリンガルの広い意味
　しかし，*How Women Mean Business* の著者 Avivah Wittenber-Cox は，

男女を平等に扱うことには問題があると言う。なぜなら，男女を平等に扱うことは「男女をまったく同じに扱う」ことを意味しているからだ。では，著者はジェンダー・バイリンガルをどう捉えているのだろうか。英語で見てみよう。

英語で知識を整理

> **Becoming gender bilingual is to demonstrate an understanding of the different ways that men and women talk, think and behave.**
>
> ジェンダー・バイリンガルになるということは，男性と女性の異なった話し方，考え方，行動のしかたに理解を示すということである。

著者は女性が男性より優れている（superior）と言っているのではない。男性と女性には互いに相補性（complementarity，お互いに足りないところを補い合う関係）があり，それを理解し活かすことが，個人の，そして企業の発展に資すると言っているのだ。だから，著者の考えでは，まず男女にどのような差があるかを理解することが重要になる。著者はそれを次の3つに分けている。

③ **考慮すべき3つの男女差**
(1) キャリア・サイクル（career cycle）

企業内における伝統的なキャリアは20代から始まり，30代で加速し，40代，50代でピークを迎える。このような途切れのない，直線的な(linear)パターンは，男性が一家の稼ぎ手（breadwinner）になり，女性が家にいて家庭を守るという図式を念頭に置いてデザインされたものだ。しかし，多くの女性が職場に進出している現在は，このような直線的パターンは女性には必ずしも適切なものではない。

女性は20代に企業に入ってから，男性と同様に会社から激務（hard work），知能（intelligence），規律正しさ，生産性（productivity）などを求められる。そのため，結婚や出産（childbearing）を先送りすることが多い。そして，30代に入る。30歳から35歳の間は特に，企業が社員を将来の管理者としてふさ

わしいかを見定める重要な時期であるが，女性は突然先送りしていた結婚と出産をこの時期に行うことが多い。そのため，この時期は女性にとって，個人的に非常に時間のかかる（time-consuming）時期である。女性は，この時期を乗り越えて初めて再びキャリア生活に専心する準備ができる。つまり，女性が仕事で活躍できる時期は40代であり，男性よりも遅れてやってくるのだ。この箇所を *How Women Mean Business* から引用してみよう。

英語で知識を整理

Men's and women's careers have differed by about a decade, with the peak of women's careers coming later than men's, on average.

男性と女性のキャリアは約10年異なり，女性のキャリアのピークは平均して男性の10年後にやってくる。

企業はキャリア・サイクルは直線的パターンだけではないことを認識し，柔軟性（flexibility）を持って対処すべきである。このような柔軟性は女性だけに利益になるのではない。政府の年金資源の不足などで企業の退職年齢が引き上げられる傾向があること，また生涯学習（lifelong learning）や生活の多様性を望む若い世代の男性が増えていることを考えるなら，高齢者にも男性にも柔軟なキャリア・サイクルの必要性は高いのである。

(2) コミュニケーション・スタイル（communication style）

男性と女性のコミュニケーション・スタイルの差は，すでに子どもの頃から見られる。例えば，遊び場で遊んでいる男の子は誰が一番なのかを決めたがるが，女の子は一緒に仲良く遊ぶ。こういった違いの主なものを一覧表にして整理してみよう。

◆コミュニケーションにおける男女差

男性	女性
権力や地位志向が強い	良好な関係（rapport）を求める
個人志向	チーム志向
昇進や昇給を求める	昇進や昇給をあまり求めない
自分を売り込む（self-market）	自分をあまり売り込まない
誰が一番かを決めたがる	みんな同じだと考える
自慢げである（女性の男性評価）	自信が欠如している（男性の女性評価）
疑いを最小化しようとする	確信（certainty）を重視しない
直接的（direct）	間接的（indirect）
答えを知っているのに質問する	本当にわからないから質問する

　コミュニケーションにおける男女差を理解することの目的は，女性をより**男性的（masculine）**にすることではない。男女差を理解し，両性の才能を最大限に利用して，今以上にうまくマーケットを読み取り，それに対応することが目的なのである。

(3) **権力・政治的適性（power and political competence）**
　女性は，企業内の**政治的現実（political reality）**に疎いだけでなく，そのようなものを嫌う傾向があり，権力志向も強くない。そのため，女性はリーダーとしてあまりふさわしくないのではないかと思われることがある。しかし，権力志向が強いこととリーダーとしての資質に相関関係はない。**同僚（colleague）**やスタッフの尊敬と忠誠を大切にしている企業では，女性の**包含的で（inclusive）**協同的なリーダーシップは有益なものになり得る。昇進やリーダーシップに関し，企業が持つべき大切な**判断基準（criteria）**は次の3つである。

● フラットでグローバルで，**知識共有型の（knowledge sharing）**組織作りを目指しているかどうか。
● 変化と**共同（collaboration）**を大切にし，仕事を処理するための**非公式的（informal）**かつアドホックな（ad hoc，特定の目的のためにその都度設置されるという意味）関係の中で働くことのできる従業員を欲しいと思うかどうか。
● イノベーションと創造的問題解決を高く評価し，そのためにできるだけ多くの**ボトムアップな（bottom-up，下から上への）**，**顧客主導型の（customer-**

driven）アイデアを得ようとしているかどうか。

　以上の3つの観点から女性に対応することは，同時に，企業文化（corporate culture）を新しい現実，つまり21世紀の現実に対応させることに他ならない。なぜなら，20世紀と21世紀には次のような違いがあるからだ。

◆ 20世紀と21世紀の比較

20世紀	21世紀
個人──主観が強い	個人──集合的（collective）
競争	共同
違いを重視	寛容（tolerance）を重視
支配（domination）	共存（co-existence）
勝者と敗者	みな勝者
個人プレイ	チームワーク
理性と論理	理性と直観（intuition）
排除（exclusion）	包含（inclusion）
反対（opposition）	支持（supportiveness）

　以上が Avivah Wittenber-Cox が述べていることの概要であるが，ここで公平を期するために，男性からの感想も紹介しておこう。

④ **男性からの反論**

　これは2009年12月30日付けの **The Economist** に掲載された Feminist management theories are flirting with some dangerous arguments（フェミニストの経営管理理論は危険な議論を面白半分に扱っている）というタイトルの記事である。英語で見てみよう。

英語で知識を整理

Even if it can be established that, on average, women have a higher "emotional-intelligence quotient" than men, that says little about any specific woman. Judging people as individuals rather than as representatives of groups is both morally right and good for business.

女性が平均して男性よりも高い「心の知能指数」を持っているということを仮に実証し得たとしても，それは個々の女性についてはほとんど何も語っていない。人を集団を代表する者として判断するのではなく，むしろ人を個人として判断することのほうが倫理的にも正しいし，ビジネスにとっても有益である。

（注）emotional-intelligence quotient = 心の知能指数（EQ）。

意味を言ってみよう

- gender bilingual
- discriminatory barrier
- superior
- linear
- intelligence
- time-consuming
- communication style
- certainty
- masculine
- political reality
- criteria
- informal
- corporate culture
- domination
- exclusion
- supportiveness
- promotion
- sticky floor
- complementarity
- breadwinner
- productivity
- flexibility
- rapport
- direct
- power and political competence
- colleague
- knowledge sharing
- bottom-up
- collective
- co-existence
- inclusion
- glass ceiling
- glass cliff
- career cycle
- hard work
- childbearing
- lifelong learning
- self-market
- indirect
- inclusive
- collaboration
- customer-driven
- tolerance
- intuition
- opposition

MEMO

第3章
マーケティング

8. マーケティング
marketing

【定義】 顧客の目からビジネスを見つめること。

よくある誤解

マーケティングに関するよくある誤解は、マーケティングは広告(advertising)や販売活動(selling)に過ぎない、というものだ。これは会計係(accountant)が会計を、生産管理者が生産ライン(production line)を担当するように、1部署=1業務という考えにとらわれているからである。しかし、このような考えはマーケティングに関しては間違いである。マーケティングは孤立した機能を意味するのではなく、組織の上層部から下層部へ、ある意味ですべての部署に横断的に関係する事柄である(本項目最後のコトラーの定義を参照のこと)。

ドラッカーの定義

では、マーケティングとは何だろうか。定まった定義はない。なぜなら、経営のあり方が製品志向(product orientation)から顧客志向(customer orientation)へと歴史的に変遷しているからだ。現在、製品開発(product development)といえば、顧客の視点に立って行うのが当たり前になっている。したがって、マーケティングの定義は、通常、上に紹介したようなものになる。上の定義はドラッカーのもので、非常に有名なものである。これを英語で見てみよう。

英語で知識を整理

Marketing is looking at the business through the customers' eyes.

マーケティングとは、顧客の目からビジネスを見つめることである。

この定義の中で一番重要なのが,「顧客」である。では,顧客とは何を意味するのだろうか。単純なレベルでは,企業から商品やサービスを購入する人はすべて顧客である。一度購入した人がその後も習慣的に購入してくれるなら,当然,その人も顧客であり,そういった人のことをリピーター（repeat customer）と言う。リピーターは企業にとって利益を安定的に確保する上で重要な存在である。だから,企業はリピーターを維持しようと努める。さらに,現在は顧客ではないが,将来顧客になる可能性のある人を潜在的顧客（potential customer）と言う。マーケティングにおいて一番重要なのが,この潜在的顧客だ。なぜなら,潜在的顧客こそが,企業が飛躍する土壌であるからだ。

顧客満足

次に,「顧客の目からビジネスを見つめる」とはどういう意味なのかを考えよう。それは,顧客のニーズを察知し,それに顧客が満足するような形で応えることを言う。端的に言うなら,顧客にとっての価値とは何かを知ることである。ドラッカーも *Management: Tasks, Responsibilities, Practices* の中で次のように述べている。

英語で知識を整理

The final question needed in order to come to grips with business purpose and business mission is: "What is value to the customer?"

ビジネスの目的とビジネスのミッションに真剣に取り組むために必要な究極の質問は,「顧客にとって価値は何か」ということである。

しかしドラッカーは,企業の管理者たちはこの質問に答えられていないと言う。なぜだろうか。企業の管理者たちはいつも自信満々で,その答えは製品の品質（quality）だと決めつけるからだ。しかしそれは違う,というのがドラッカーの見方だ。顧客は製品を買うのではなく,欲求の満足（the satisfaction of a want）を買うからだ。これを説明するために,彼は興味深い例を出している。

10代の女の子にとって靴の価値はファッション性が高いことだ。つまり流行していなければいけない。価格は二の次で，耐久性（durability）などまったく価値がない。ところが，この女の子が数年後に母親になると，ファッション性が高いことは，逆に購入意欲を妨げるものになり得る。もちろん，まったくファッション性がないものは買わないだろうが，この母親が求めるものは耐久性であり，価格であり，快適さ（comfort）であり，そして自分の足のサイズにぴったり合うことだ。つまり，10代の女の子にとって一番よい買い物（the best buy）が，数年年上の母親にはほとんど価値がないのである。
　以上の話を紹介した後，ドラッカーはこう締めくくる。

英語で知識を整理

What a company's different customers consider value is so complicated that it can be answered only by the customers themselves. Management should not even try to guess at the answers ── it should always go to the customers in a systematic quest for them.

企業のさまざまな顧客が何を価値と考えるかは非常に複雑であるために，それは顧客自身によってしか答えられないものだ。経営陣はその答えを推測すらしてもいけない。常に顧客のところまで降りて行って，答えを体系的に探究しなければならない。

　ドラッカーの言う「顧客の目からビジネスを見つめる」とは，こういうことだったのである。
　ドラッカーはまた，消費者運動（consumerism）はマーケティングの恥だとも言っている。消費者の求める価値に企業が応じていないからそのような運動が起こる。消費者運動は，企業が顧客の価値に応えていない証拠だというのである。

コトラーの定義

　最後に，ドラッカー以外のマーケティングの定義も紹介しよう。先に述べたように，マーケティングには，販売活動や広告のみならず，**市場調査（market research）**，製品開発，**価格設定（pricing）**，**プレゼンテーション（presentation）**，広報活動，**販売促進（sales promotion）** などさまざまな活動が関係してくる。このような活動も視野に入れたマーケティングの定義として，マーケティングのグルと呼ばれる**フィリップ・コトラー（Philip Kotler: 1931-）** のものがある。これは過不足のない非常に正確な定義である。

　「マーケティングとは，現在の満たされてないニーズと欲求を突き止め，それらの大きさを同定・測定し，どの**標的市場（target market）** にとって組織が最も役に立ち得るかを決め，これらの市場に役立つための適切な製品，サービス，そしてプログラムを決定するビジネスの機能である。このようなやり方で，マーケティングは社会のニーズと産業からの応答とを接続する役割を果たす。」

意味を言ってみよう

- ☐ marketing
- ☐ accountant
- ☐ customer orientation
- ☐ potential customer
- ☐ durability
- ☐ consumerism
- ☐ presentation
- ☐ advertising
- ☐ production line
- ☐ product development
- ☐ quality
- ☐ comfort
- ☐ market research
- ☐ sales promotion
- ☐ selling
- ☐ product orientation
- ☐ repeat customer
- ☐ the satisfaction of a want
- ☐ the best buy
- ☐ pricing
- ☐ target market

9. マーケティング・ミックス
marketing mix

【定義】 効果的な販売戦略を展開するために利用できるツールの組み合わせのこと。

4つのP

マーケティング・ミックスとしてよく挙げられるものは，次の4Pである。

(1) Product：製品
(2) Price：価格
(3) Promotion：プロモーション
(4) Place：流通

製品

製品とは，企業が作る有形の商品（tangible good）もしくは無形のサービス（intangible service）を言う。原則として製品が良質なものでなければ売り上げを伸ばすことはできないから，製品はマーケティング・ミックスの中ではおそらく一番重要なものであろう。

英語で知識を整理

If the product is not good enough, no amount of promotion or pricing tactics* will lead to its being successful.

もし製品があまりよくないものなら，いくらプロモーションを行っても，またいくら価格設定を工夫しても，その製品の成功にはつながらないであろう。

＊ tactics = 戦術

価格

価格は，製品と同様に，マーケティング・ミックスの中で重要なものであるが，あまり注意が払われないことが多い。企業によっては，かかった総費用に利

益を上乗せするという形で製品の価格を単純に決定しているところがあるが，それは，利益を出すにはそうせざるを得ないと考えているからである。しかしこの方式だと，市場に出した製品が売れない場合には，よい製品であるにもかかわらず，その製品の販売を断念せざるを得ないこともある。では，どうすればよいのだろうか。ドラッカーは *Managing in a Time of Great Change* の中で次のように述べている。

英語で知識を整理

The only sound way to price is to start out with what the market is willing to pay and design to that price specification*.

価格を決定する唯一の確かな方法は，マーケットが支払いたいと思っている価格から始め，その価格仕様に合わせてデザインすることだ。

＊ specification = 仕様（書）

つまり，消費者が「この製品に対してはこれだけのお金を払ってもよい」と思う金額を十分に考慮に入れて適正な価格（appropriate price）を設定するということである。しかし，これは必ずしも消費者に迎合するという意味ではない。なぜなら，ドラッカーは別の書 *Managing for the Future* の中で，安売りして「顧客を獲得することはうまくいかない（Buying customers doesn't work.）」と断言しているからだ。このやり方だと，プロモーションやサービス，製品自体の改良に振り分けるべき利益が出ないと言う。いずれにせよ，消費者が何を適正な価格と見ているかを知ることは，必ずしも簡単なことではない。

プロモーション

プロモーションとは，販売促進のことである。これは，潜在的顧客を特定の製品へ注目させ，製品の売り上げを伸ばすことを企図した短期的な活動を指す。具体的には，店内での値引き（price discount），クーポン券の発行，「1つ買えば1つは無料になる（buy one, get one free, BOGOF）」などの特別なサービスをして消費者の目を引くさまざまな戦術のことである。プロモーションは通常，

広告と連動して行われる。

流通

　流通とは，商品やサービスを顧客に届けるのに必要な流通の鎖（chains of distribution），もしくは供給連鎖（supply chain）のことである。流通の鎖は通常，製造業者（manufacturer），流通業者（distributor），卸売業者（wholesaler），小売業者（retailer）などから成り立っている。マーケティングで流通が問題になるのは，製品がどれほどよいものでも，どれほどうまくプロモーションされても，また常連の顧客（regular customer）や潜在的顧客が製品をどれほど欲しいと思っても，その製品を円滑に手に入れることができなければ，顧客は満足しないということだ。なお，近年はインターネットや携帯電話（cell phone）など新しい流通のチャネルが登場し注目されている。

4P＋3P

　マーケティング・ミックスの構成要素として，以上の4Pでは足りない，7Pにすべきだと言う人もいる。残りの3Pは，要員，物理的明示（Physical evidence），処理（Process）である。

　要員とは，会社の内外を問わず，マーケティング活動のあらゆる段階で関係する人々を指す。例えば，ウエイターはレストランの顧客に大きな影響を与える存在である。また，供給連鎖に関係するさまざまな業者（これも要員と考えられる）の互いの関係がうまくいっていなければ，顧客に満足できるサービスを提供することはできないかもしれない。

　物理的明示とは，店の外観やディスプレイ（display）などを指す。これは視覚に訴え，購買を促す効果がある。

　処理とは，バーコードを利用して製品追跡（product tracking）をしたり，ポイントカード（loyalty card）を利用して消費者の消費性向（spending habit）を分析したりすることをいう。

バランスの大切さ

　よく言われることだが，マーケティング・ミックスで重要なことは，構成要素間のバランスを取ることである。これはコトラーの本に出ている例だが，ある自

動車ディーラーが10人の販売員を使い，通常の利幅（markup）を確保できる価格で販売していたが，売り上げが上がらなかった。そこで，販売員を5人に減らし，価格を大幅に引き下げたところ，店は大繁盛（land-office business）するようになったという。構成要素間のバランスの問題は，製品のライフサイクル（product's life cycle）との関係でも生じる。製品の導入期（introduction stage）では広告に力を入れるべきだが，製品の成熟期（maturity stage）では販売促進や人的販売（personal selling）が重要になる。

意味を言ってみよう

- ☐ marketing mix
- ☐ tactics
- ☐ price discount
- ☐ chains of distribution
- ☐ distributor
- ☐ regular customer
- ☐ process
- ☐ loyalty card
- ☐ land-office business
- ☐ maturity stage
- ☐ tangible good
- ☐ specification
- ☐ BOGOF = buy one, get one free
- ☐ supply chain
- ☐ wholesaler
- ☐ cell phone
- ☐ display
- ☐ spending habit
- ☐ product's life cycle
- ☐ personal selling
- ☐ intangible service
- ☐ appropriate price
- ☐ manufacturer
- ☐ retailer
- ☐ physical evidence
- ☐ product tracking
- ☐ markup
- ☐ introduction stage

ビジネスの気になる論点 ❼

マーケティング近視眼（marketing myopia）とはどのようなことを意味しているのですか？

Key points!
① セオドア・レビットについて
② 製品志向 —— 鉄道と映画
③ 成長産業というものはない

① セオドア・レビットについて

　マーケティング近視眼という言葉は，アメリカの経済学者**セオドア・レビット (Theodore Levitt: 1925-2006)** が，1960年に **Harvard Business Review** に発表した論文のタイトル *Marketing Myopia* からきている。この論文でレビットは，かつて繁栄を謳歌したアメリカの鉄道（railroad）や映画が斜陽産業（declining industry）になった理由を探求し，それは市場が飽和状態（saturated）になったからではなく，マネジメントの失敗だと断じたのである。

　レビットは鉄道についてこう述べている。

「鉄道が成長をやめたのは，乗客や貨物輸送（freight transportation）のニーズが減少したからではない。ニーズは大きくなっている。今日鉄道が困難に陥っているのは，ニーズが他のもの（車，トラック，飛行機，さらには電話）によって満たされたからではなく，鉄道自身によってそのニーズが満たされなかったからだ。鉄道が他のものに自分の顧客を奪わせてしまった理由は，鉄道が自らを輸送ビジネスというより，鉄道ビジネスにあると思い込んでしまっていたからだ。」

　こう述べた後，レビットは次のように言う。英語で見てみよう。

英語で知識を整理

The reason they (= the railroads) defined their industry incorrectly was that they were railroad-oriented instead of transportation-oriented; they were product-oriented instead of customer-oriented.

鉄道が自らの産業を間違って定義づけた理由は，鉄道が輸送志向ではなく鉄道志向になっていたからだ。つまり，鉄道は顧客志向ではなく製品志向になっていたのである。

これはどういうことを言っているのか。少し説明を加えよう。

② 製品志向 —— 鉄道と映画

　第二次世界大戦後，アメリカは物不足に悩んでいた。そのため，物を安く作ればどんどん売れ，これが産業界に製品志向を生んだ。その代表的な例が，自動車メーカーであるフォード社の大量生産である。低価格で大量生産することが成功の鍵であり，消費者のニーズなどは視野の外にあった。

　ところがレビットは，このような製品志向はあまりにも狭量である，つまり近視眼的であるので，持続的なビジネスの成功を約束するものではないと警告したのだ。ビジネスが最重要視しなければならないのは，顧客の欲求や欲望である。企業は自らを顧客を満足させる有機体（customer-satisfying organism）と捉えるべきである。もしアメリカの鉄道が，自らを列車を運行させるビジネスではなく，輸送を提供するビジネスと考えていたならば，車や飛行機の登場にあれほど苦しめられることはなかったであろう。

　同じことはハリウッドの映画産業にも言える。映画会社はテレビに強奪されかかっているが，その理由はテレビが侵入してきたからではなく，映画産業の近視眼が原因だという。

> 📝 **英語で知識を整理**
>
> Like the railroads, Hollywood defined its business incorrectly. It thought it was in the movie business when it was actually in the entertainment business*.
>
> 鉄道の場合と同じように，ハリウッドは自らのビジネスを不正確に定義づけた。ハリウッドは，実際は娯楽産業の中にいるのに，映画産業にいると考えたのだ。

＊ entertainment business ＝ 娯楽産業

そしてレビットは，もしハリウッドが製品志向（映画を作ること）ではなく，顧客志向（娯楽を提供すること）であったならば，これほどテレビに苦しめられたか疑問だと言う。なおレビットは，その後ハリウッドが再生を果たしたことについても触れ，それに貢献したのは娯楽色の強いテレビで成功した若い書き手，プロデューサー，監督だったと付け加えている。

では，マーケティング近視眼を英語でまとめてみよう。

> 📝 **英語で知識を整理**
>
> Marketing myopia is the name given to the theory that some organizations cannot recognize what business they are in.
>
> マーケティング近視眼とは，一部の組織が自分がどのようなビジネスにいるのかを認識できないという理論に与えられた名称である。

③ 成長産業というものはない

レビットの論文 *Marketing Myopia* にはもう1つ重要なことが書かれている。それは，成長産業（growing industry）などというものはなく，あるのは成長の機会（growing opportunity）だけだという理論である。レビットはこう述べる。

「自動的な成長のエスカレーターに乗っていると思い込んでいる産業は，必ず

衰退(stagnation)に陥る。死滅した，あるいは現在死にかかっているすべての『成長』産業の歴史を見ると，そこには限りなく拡大が続き，衰退のかけらも発見できないという自己欺瞞のサイクル（self-deceiving cycle）がある。」

レビットはこのような自己欺瞞のサイクルに陥る要素として4つ挙げているが，そのうちの重要な3つは次のようなものである。

(1) 会社の成長が，ますます豊かになっていく人口の増大によって支えられているという確信。
(2) 会社の主要製品にとって代わる競合製品（competitive substitute）が出現しないという確信。
(3) 大量生産への，また生産量が増えれば単位当たりのコストが急激に減少するという利点への過度の信頼。

では，この自己欺瞞のサイクルから逃れるにはどうしたらよいのだろうか。レビットの言葉を聞こう。

英語で知識を整理

Obviously the company has to do what survival demands. It has to adapt to the requirements of the market, and it has to do it sooner rather than later.

会社が生き残りに必要なことをしなければならないことは明らかだ。会社はマーケットの要求に応えなければならない。それも後日ではなく，できるだけ早く行わなければならない。

レビットが言いたかったことは，成長は約束されたものではなく，成長とは成長がどこにあるかを発見するかどうかの問題であるということだ。つまり，マーケット志向こそが成長を約束し，マーケットにこそ成長の機会があるということであった。

マーケティングをビジネスの**表舞台（center stage）**に引き出したのは，レビットの功績であった。

意味を言ってみよう

- ☐ marketing myopia
- ☐ saturated
- ☐ customer-satisfying organism
- ☐ growing industry
- ☐ self-deceiving cycle
- ☐ railroad
- ☐ freight transportation
- ☐ growing opportunity
- ☐ competitive substitute
- ☐ declining industry
- ☐ entertainment business
- ☐ stagnation
- ☐ center stage

10. 市場細分化
market segmentation

【定義】 市場を複数の異なったセグメント（区分）に分けるプロセスのこと。

製品志向＝会社中心哲学

アメリカの自動車王**ヘンリー・フォード（Henry Ford: 1863-1947）**は，自社の大量生産されたモデルTに関し，顧客に次のように言ったという。

"You can have it in any color as long as it's black."
「黒であれば，どんな色もまかなえるのでは。」

この言葉からもうかがえるように，フォードが念頭に置いた市場はたった1つ，つまり**マス・マーケット（mass market）**であった。マス・マーケットが対象であれば，企業は**規模の経済（economy of scale，生産量が増すことにより製品1単位当たりの平均コストが下がること）**やコスト削減といった利点を享受できる。しかし顧客によっては，黒以外の別の色が欲しいけれども，やむを得ず黒のモデルTを買っているかもしれない。にもかかわらず，フォード社が黒だけのモデルTを販売することができたのは，その当時は製品志向が強く，**会社中心的哲学（company-centric philosophy）**を顧客に押し付けることが可能だったからだ。

ニーズの多様化とマーケット・セグメント

現在は，顧客のニーズや嗜好が昔とは比べものにならないくらい多様化しているため，フォードのような考え方はもはや通用しない。コカ・コーラもかつては1種類のボトルしかなかったが，現在では，コカ・コーラ・クラシック，ダイエット・コーク，バニラ・コーク，チェリー・コークなど，種類も大きさも異なる複数の製品を販売している。

企業は製品を販売するために，潜在的顧客に対して自社がどんな製品を提供しているか，その製品が潜在的顧客のニーズにどのように合うのかを知らせなければならない。しかし，漠然とした**無定形の（amorphous）**大集団であるマ

ス・マーケットを相手にすることは，マーケティングとして効率的とは言えない。そこで，企業はマーケットを部分に，つまり**マーケット・セグメント（market segment）** に分けて戦略を練るようになる。このように，マーケットをいくつかのセグメントに分けることを「市場細分化」と言う。

英語で知識を整理

Market segmentation is the process of dividing a market for a particular product or service into a number of different segments.

市場細分化とは，特定の製品やサービスに対する市場をいくつかの異なったセグメントに分ける過程を言う。

セグメントの特徴

効率的なマーケティングのためには，セグメントは次のような特徴を持っていなければならない。

(1) **均質的（homogeneous）** であること
   ニーズや嗜好などの点で似通っているということである。
(2) 十分な大きさがあること
   マーケティングは，結局はコストと利益の問題になるから，ある程度大きくないと採算がとれないのである。
(3) 数量化や特徴づけが可能であること
   セグメントの大きさや特徴がわからないと，漠然とした対象を相手にしていることになるからだ。
(4) 一定のコストや**時間枠（time frame）** の範囲内で接近可能であること
   これもコストと利益のバランスの問題である。

セグメントの特定のしかた

なお，セグメントの特定は，通常，次のような分割のしかたに従う。

(1) 人口統計上のグループ (demographic group)

年齢，性別，家族の大きさといった人口統計を利用した細分化である。

(2) 地理的グループ (geographical group)

通常，地域によって消費者の嗜好が著しく異なるので，それを利用する細分化である。

(3) 社会的グループ (social group)

伝統的には収入や職業などで細分化するが，収入や職業による細分化はそれほど有効ではないことがわかってきているので，近年はニーズや行動といったライフスタイルに基づく細分化にシフトしている。

(4) ニーズ・グループ (need group)

例えば，「食糧品の購入に費やす時間を減らしたい女性」，「ファッション性のあるウォーキング・シューズが欲しい若者」といったニーズによる細分化である。

(5) 行動グループ (behavior group)

例えば，「宅配業者から食糧品を購入している女性」，「フィットネスクラブを健康のためでなく，運動自体を楽しむために利用している人たち」といった行動による細分化である。

具体的なマーケット戦略

セグメントが特定されたら，次に具体的なマーケット戦略を考えることになる。例を挙げてみよう。

現在60代に入っている団塊の世代 (baby boomers) と呼ばれる世代がある。アメリカのある調査によると，この世代の半分は，自分はもはや若くないと悲嘆し，5分の1は老化の過程 (aging process) に積極的に抵抗し，若さの泉 (fountain of youth) を探しているという。そして，この5分の1を標的にした商品が開発されている。例えば，植毛 (hair replacement) やヘアカラーに関連する商品，フィットネスクラブの会員や家庭用の体育器具 (gym equipment)，栄養補助サプリメント (nutritional supplement) や有機食品 (organic food) などだ。近頃，これら商品の売り上げが急増しているという。

あるセグメントをさらに細分化した小さな集団を，ニッチ・マーケット (niche market) とか隙間市場と言う。上の例に挙げた団塊の世代の5分の1は，ニッ

チ・マーケットと言える。ニッチ・マーケットに属する人々は，通常，自分のニーズが満たされることが少ないので，満足すべき便益に対しては**プレミアム価格（premium price）**，つまり，市場の平均よりも多くの価格を支払う準備があると言われている。また，ニッチになればなるほど，他社が参入しにくくなるので，高収益が見込める。

　ニッチを究極まで推し進めると，最後は**ワン・トゥ・ワン・マーケティング（one-to-one marketing）**にたどり着く。これは個人のニーズに正確に応じるように**カスタマイズされた（customized）**製品を提供することを意味する。例えば，スウェーデンの自動車メーカーのボルボは，色やエンジンや内装など約4,000の組み合わせで個人個人のニーズに対応している。パソコン・メーカーのデルもボルボと同じようなやり方をとっている。

ソーシャル・ネットワーキング・サービス

　また，多くの企業がインターネット上の**マイスペース（MySpace）**や**フェイスブック（Facebook）**といったソーシャル・ネットワーキング・サービスを市場細分化に役立てようとしているが，これはテクノロジーがマーケティングに大きな影響力を持っていることをあらためて想起させるものである。

　では，全体のまとめを英語で見てみよう。

英語で知識を整理

Effective marketing becomes possible only when markets have been identified and market knowledge has been built up.

効果的なマーケティングは，マーケットが特定され，マーケットの知識が構築されて初めて可能になる。

意味を言ってみよう

- [ ] market segmentation
- [ ] company-centric philosophy
- [ ] market segment
- [ ] demographic group
- [ ] need group
- [ ] aging process
- [ ] gym equipment
- [ ] niche market
- [ ] customized
- [ ] mass market
- [ ] homogeneous
- [ ] geographical group
- [ ] behavior group
- [ ] fountain of youth
- [ ] nutritional supplement
- [ ] premium price
- [ ] MySpace
- [ ] economy of scale
- [ ] amorphous
- [ ] time frame
- [ ] social group
- [ ] baby boomers
- [ ] hair replacement
- [ ] organic food
- [ ] one-to-one marketing
- [ ] Facebook

第3章 マーケティング

11. 差別化
differentiation

【定義】 競合他社との違いを出すこと。

製品の差別化

ハーバード・ビジネススクールの教授であり，その競争優位（competitive advantage）の理論で有名なマイケル・ポーター（Michael Porter: 1947-）は，企業が競争するには２つの方法しかなく，それは製品の価格を下げるか製品を差別化するかのいずれかである，と述べた。

ポーターのこの言葉が示しているように，一般に「差別化」という時は製品による差別化を指すことが多い。つまり，企業が競合他社との違いを出す場合には，製品の差別化が中心となり，その周辺に他のいくつかの戦略をはりめぐらせるという構図になる。

英語で知識を整理

Product differentiation is a marketing technique that promotes and emphasizes a product's difference from other products of a similar nature.

製品による差別化とは，ある製品が同じような特徴を持った他の製品と異なることを宣伝し，強調するマーケティングの１つの手法である。

差別化の方法

コトラーによると，差別化のための方法には次のようなものがある。

(1) 製品による差別化（product differentiation）
(2) サービスによる差別化（service differentiation）
(3) スタッフによる差別化（personnel differentiation）
(4) イメージによる差別化（image differentiation）

製品による差別化

(1) **特別機能（feature）**の付加
製品の基本的な機能を補うさまざまな特別機能を提供することである。

(2) **カスタマイゼーション（customization）**
個人にカスタマイズした製品を作ること。特に**マス・カスタマイゼーション（mass customization）**が重要である。これはボルボやBMWなどが行っているもので，大量生産の形をとりつつ個々の顧客の要求を満たすこと，つまり個々にデザインされた製品やサービスなどを提供することを指す。これが可能になったのは，技術の進歩によってコンピュータの情報処理能力が増大し，工場や機械が多様性に柔軟に対応できるようになったからである。

(3) **性能品質（performance quality）**
性能品質とは，製品の機能レベルのことである。これが高いことに越したことはないが，標的市場とコストの関係から，必ずしも最高レベルの性能品質を提供する必要がない場合もある。

(4) **品質適合（conformance quality）**
製造された製品が，企業が約束している仕様に適合していることを言う。例えば，ある高級車が発車10秒以内で時速100キロまで加速できることをうたっている場合，製造された車がすべてその通りであるなら，品質適合が高いということになる。

(5) 耐久性
これは台所用品などには該当するが，**技術の陳腐化（technological obsolescence）**が早いパソコンなどには必ずしも該当しない。

(6) **信頼性（reliability）**
製品が一定期間内は故障したり**機能不全（malfunction）**に陥らないことである。

(7) **修復性（repairability）**
製品が故障したり機能不全に陥った場合に，容易に修理できることである。

(8) **スタイル（style）**
製品の外観や印象である。例えば，アップル社のコンピュータは模倣することが難しいスタイルを持っている。

(9) デザイン（design）

　　競争が激化するにつれ，価格やテクノロジーだけでは差別化しにくくなっている。そのために差別化の手法としてデザインがますます重要視されている。最初に楕円形の携帯電話をデザインしたのは，フィンランドのノキアである。また，ドイツのブラウンは，電気かみそりのデザインを芸術の域にまで高めている。

|サービスによる差別化|

(1) 注文のしやすさ（ordering ease）
　　製品の注文が容易にできることである。
(2) 配送（delivery）
　　顧客のところまで製品が円滑に，あるいは遅滞なく届けられることである。
(3) 取り付け（installation）
　　重い製品や大きな製品の場合には，これが大きなセールスポイントになる。
(4) 顧客訓練（customer training）
　　顧客に製品使用に関する訓練サービスを提供することだ。例えば，ジェネラル・エレクトリック社は，X線の機械を購入した病院に対して，機械の取り付けだけではなく機械の使用に関する広範囲な訓練サービスを提供している。
(5) 顧客コンサルティング（customer consulting）
　　売り手が買い手にデータ，情報，アドバイスなどを提供するサービスを言う。
(6) メンテナンスと修理（maintenance and repair）
　　顧客が購入した製品をよい状態に保つためのサービスのことである。

|スタッフによる差別化|

(1) 適性（competence）
(2) 丁重さ（courtesy）
(3) 信用性（credibility）
(4) 信頼性
(5) 反応性（responsiveness）
(6) コミュニケーション・スキル

イメージによる差別化
(1) シンボル（symbol）
(2) 文書メディア（written media）
(3) 視聴覚メディア（audio/video media）
(4) 雰囲気（atmosphere）
(5) イベント（event）

意味のない差別化

　差別化の大きな問題は，差別化が進めば進むほど，その差が小さくなって意味のない差別になってしまい，消費者にはみな同じ商品に見えてしまうことである。この点につき，ハーバード・ビジネススクールの教授である**ヤンミ・ムン（Youngme Moon）**は，著書**Different**の中で次のように述べている。

「製品はもはや互いに競い合ってはいない。消費者にはみんな同じものになっているように思われる。携帯電話のベライゾン（Verizon）とAT＆Tワイヤレスは熾烈な競争にとらわれ，そこから一歩も抜け出せないでいる。このような競争は，両社が提供するものにこれといった違いが見出せない消費者にとっては，意味がない。もし火星人がこの国に上陸したならば，ブランド同士が同じカテゴリーに向かうようにひそかに結託していると考えることだろう。」

模倣から抜け出す差別化

　要するにムンは，企業は差別化どころかお互いに模倣し合っていると言っているのだ。では，このような意味のない競争から抜け出すにはどうしたらいいのだろうか。ある鶏肉ブランドのオーナーは次のように言ったという。

"If you can differentiate a dead chicken, you can differentiate anything."
「死んだニワトリの肉が差別化できるのだから，どんなものでも差別化できる。」

　つまり答えは，それでも差別化しなければいけない，ということだ。
　石油や石炭のように，どのブランドをとっても消費者にはまったく同じように見える商品をコモディティ（commodity）と言い，コモディティを扱う市場を

コモディティ市場（commodity market）と言う。今ここで問題になっているのは，製品市場（product market）がますますコモディティ市場に類似してきていて，差別化がしにくくなっているということだ。一例を挙げよう。

レンガ産業（brick industry）は限りなくコモディティ市場に近づいているが，ある企業は配送のやり方を変えることによって差別化に成功した。それまではレンガを地面にどさっと落としていたために壊れてしまうレンガもあり，時間もかかっていた。そこでこの会社は，レンガをパレット（pallet，品物を載せる台）に積み込み，小さなクレーンでパレットをトラックから引き上げてから下ろすというやり方を考案した。このやり方でこの会社は大成功を収めたが，すぐに他社が真似をし，ほどなくこのやり方は業界標準になってしまった。当然，この会社は新たに差別化の方法を見つけ出す必要に迫られる。差別化は果てしなく続く作業なのである。

では，全体をまとめてみよう。

英語で知識を整理

The more products come to resemble each other, the more the value of differentiation increases.

製品が互いに似てくれば似てくるほど，差別化の重要性は増す。

意味を言ってみよう

- ☐ differentiation
- ☐ service differentiation
- ☐ feature
- ☐ performance quality
- ☐ technological obsolescence
- ☐ malfunction
- ☐ design
- ☐ installation
- ☐ maintenance and repair
- ☐ credibility
- ☐ written media
- ☐ event
- ☐ product market

- ☐ competitive advantage
- ☐ personnel differentiation
- ☐ customization
- ☐ conformance quality

- ☐ repairability
- ☐ ordering ease
- ☐ customer training
- ☐ competence
- ☐ responsiveness
- ☐ audio/video media
- ☐ commodity
- ☐ brick industry

- ☐ product differentiation
- ☐ image differentiation
- ☐ mass customization

- ☐ reliability
- ☐ style
- ☐ delivery
- ☐ customer consulting
- ☐ courtesy
- ☐ symbol
- ☐ atmosphere
- ☐ commodity market
- ☐ pallet

第3章 マーケティング

ビジネスの気になる論点 ⑧

「企業にとってブランド（brand）は重要である」とよく言われますが，具体的にはどういうことを意味しているのですか？

Key points!
① ブランドの歴史
② ブランドの定義
③ ブランドはなぜ重要か

① ブランドの歴史

ブランドについての基本的な知識を少し整理しておこう。

まず，ブランドの意味である。brandという単語は，古代スカンジナビア語の*brandr*からきている。これは「燃やす」という意味である。昔の人は家畜（livestock）に自分の所有権（ownership）を表す焼印を押し，他の農家の家畜でないことを示した。そして品質の高い家畜を生産する農家の焼印は多くの人から好まれ，そうではない焼印は敬遠された。すでにこの段階で，選択する際にブランドを役立てるという，今日と同じようなブランドの機能が見られる。

古代ローマ時代には，大量に作られた粘土の壺（clay pot）に製作者のブランドが刻まれていた。また，王家や政府などの紋章としてブランドが利用されることもあった。ハプスブルグ家のワシ（eagle），日本の皇室の菊（chrysanthemum）などは有名である。スペインの北西部サンティアゴ・デ・コンポステーラにある大聖堂は，中世から続く巡礼（pilgrimage）の目的地として有名であるが，町の至るところに，また巡礼者の持ち物などに，ザルガイの殻の絵が見られる。これは伝説に由来する図柄だが，サンティアゴ巡礼のブランドとなり，また敬虔と信仰を表すシンボルになっている。

ブランドが広く利用されるようになったのは産業革命後，特に19世紀後半と20世紀初頭である。同じような消費財（consumer goods）が大量生産されるにつれて，自社製品と他社製品とを区別するために，またマス・マーケティング（mass marketing）の必要性から，ブランド化が必要になったのだ。この当時生まれたブランドであるシンガー・ミシン，コカ・コーラ，クレジットカード会社のアメリカン・エキスプレスなどの企業は，現在も健在である。

② ブランドの定義

ここでブランドの定義を確認しておこう。これはコトラーの定義である。

> **英語で知識を整理**
>
> A brand is a name, term, symbol or design (or a combination of them) which is intended to signify the goods or services of one seller or group of sellers and to differentiate them from those of the competitors.
>
> ブランドとは，1人の売り手や一群の売り手の製品やサービスを表し，それらを競合他社のものと差別化することを意図した名前，表現，シンボル，デザイン（あるいはそれらの組み合わせ）のことである。

③ ブランドはなぜ重要か

ブランドは企業にとってなぜ重要なのだろうか。コカ・コーラの元 CEO **ロベルト・ゴイズエタ（Roberto Goizueta: 1931-97）** の次の言葉に，それが見事に要約されている。

「明日，工場や設備のすべてが火事で焼け落ちたとしても，わが社の価値はいささかも動じない。わが社の価値のすべては，実際は，ブランドで営業してきた暖簾（goodwill）と社内に蓄積されてきた集合的知識（collective knowledge）にあるからだ。」

ブランドが企業にもたらす具体的な利益としては，次のようなものがある。

(1) 消費者の感情に働きかける。
(2) 価格を引き上げる。
(3) キャッシュ・フロー（cash flow，営業活動や投資活動などに使うことのできる現金の動き）が予測しやすくなる。
(4) 生産的資産（productive assets）と同じような働きをする。

(5) 有形資産（tangible assets）よりも高く評価されることが多い。
(6) ブランドは一般に不況時にも強い。

　次のような実験がある。被験者となった消費者に2人の美人の写真を見せ，どちらが美しいと思うかを尋ねた。結果は50対50であった。次に，被験者に2人の名前はジェニファーとガートルードだと告げると，被験者の80％がジェニファーのほうが美人だと答えた。この実験からわかることは，ブランド名は消費者の感情に訴え，印象がよければそのブランドに好感を持たせることができるということだ。ついでに述べておくと，印象に残るブランド名には同じ子音（consonant）を反復させるものが多い。KodakもPepsiもGoogleもみんなそうである。
　一流のブランド企業は品質の高い製品を約束しているから，消費者は通常の価格よりも高い金額を進んで支払う。つまり，売り手と買い手には暗黙の契約（contract）があると考えられるのだ。買い手は，売り手がよい製品を提供し続ける限り，多少高い金額でも支払い，ずっと常連客でいますよ，と忠誠（loyalty）を誓っている。だから，ブランドには価格を引き上げる効果がある。
　これは売り手から見れば，キャッシュ・フローが予測しやすくなり，その結果，より自信を持ってビジネスのマネジメントができるということを意味する。
　上に述べたように，ブランドは収入を確保する働きを持っているから，工場や設備などと同じく，生産的資源と見なすことが可能なのである。
　1988年，世界最大のたばこメーカーであるフィリップモリスがクラフトフーズを買収する際には，クラフトフーズの有形資産価値の4倍の金額で買収を行っている。つまり，買収金額の4分の3は無形資産（そのほとんどがクラフトフーズの強力なブランド力）に支払われたということだ。
　*BusinessWeek*紙は，毎年，企業のブランドが株主にとってどれだけ価値があるか（つまり，市場価値がどれくらいあるか）を調べ，世界のブランド力10傑を報告している。2010年にトップになったのはコカ・コーラで704億ドルである。参考までに，その10傑を示しておこう。

ブランドの価値 10 傑（2010 年）（単位：億ドル）	
Coca-Cola	704
IBM	647
Microsoft	608
Google	435
General Electric	428
McDonald's	335
Intel	320
Nokia	294
Disney	287
Hewlett-Packard	268

　ブランドは不況時にも威力を発揮する。例えば，2008 年前半のコカ・コーラの市場価値は 1 千 360 億ドルだったが，同年の後半は世界的金融危機があったにもかかわらず，市場価値は 1 千 400 億ドルだった。この時のコカ・コーラの帳簿上の純資産価値（net asset value）は，118 億ドルであった。

　最後に，ブランドが企業にとってなぜ重要なのかを英語で簡潔に表してみよう。

英語で知識を整理

Brands may be intangible in nature but successful brands produce earnings that are tangible indeed.

ブランドは，性質は無形かもしれないが，成功しているブランドは紛れもなく有形の利益を生み出している。

意味を言ってみよう

- brand
- clay pot
- pilgrimage
- goodwill
- productive assets
- contract
- livestock
- eagle
- consumer goods
- collective knowledge
- tangible assets
- loyalty
- ownership
- chrysanthemum
- mass marketing
- cash flow
- consonant
- net asset value

12. ポジショニング
positioning

【定義】 潜在的顧客の心に商品もしくはブランドのイメージを植え付ける行為。

戦略としてのポジショニング

ここで扱うポジショニングはマーケティングの戦略として使われているもので，その目的は，企業の潜在的利益（potential benefit）を最大化するために消費者の心に商品の名や企業のブランドを定着させることである。この意味でのポジショニングを独自の洞察にあふれた観点から捉えたのが，**Positioning: The Battle for Your Mind** という今やビジネスの古典になっている本である。著者はアル・ライズ（Al Ries）とジャック・トラウト（Jack Trout）（以下，「アルとジャック」と呼ぶ）である。この本を参考にしながら，ポジショニングについて説明をしていこう。

2つの要因

ポジショニングはなぜ必要なのだろうか。アルとジャックは2つの要因を挙げている。1つは，われわれが情報過多の社会（the overcommunicated society）に住んでいること。もう1つは，われわれの過度に単純化された心（the oversimplified mind）である。

情報過多の社会とは，われわれが毎日メディアを通して情報の洪水（flood of information）にさらされていることを指している。過度に単純化された心とは，新しい情報に耳を傾けようとはしないわれわれの防衛機制（defense mechanism）を言う。防衛機制とは心理学の用語で，不快な感情を回避し心を安定に保つための心理的作用のことで，ここでは，新しい情報を嫌いそれを避ける心的傾向を指している。要するに，われわれの心は情報を一杯吸い込んだスポンジのようなもので，よほどのことがない限り，新しい情報を吸収しようとはしないのである。このような状況にあって，マーケティングはどうなるのか。英語でその部分を確認してみよう。

英語で知識を整理

Today's marketplace is no longer responsive to the strategies that worked in the past. There are just too many products, too many companies, and too much marketing noise.

今日の市場はもはや過去に効果があった戦略に反応しないのである。とにかく商品も会社もそしてマーケティングの雑音も多すぎるのだ。

ポジショニングの方法① ── １つの言葉

では，どうしたらいいのだろうか。アルとジャックが勧める方法は，心に１つの言葉を植え付けることだという。例えば，ボルボなら「安全」，BMW は「運転」，国際航空貨物輸送サービス業の FedEx なら「次の朝まで」という具合である。

では，どのようにすれば人の心に１つの言葉を植え付けられるのだろうか。それは，人の心に「最初に」たどり着くことだという。例えば，われわれはリンドバーグ（Charles Lindberg: 1902-74）を「大西洋を飛行機で最初に横断した人」として記憶しているが，２番目に横断した人が誰かは覚えていない。つまり，人よりも早くやることが決め手になるのである。

ポジショニングの方法② ── 新しいカテゴリー

では，すでに１番目がいる場合にはどうしたらいいのだろうか。その場合には，自分が１番になれる新しいカテゴリー（new category）を作ればいいという。アミリア・エアハート（Amelia Earhart: 1897-1937）は，大西洋を飛行機で３番目に渡った人だが，有名である。なぜだろうか。それは，エアハートが女性だったからだ。「初めて大西洋を渡った女性」という新しいカテゴリーによって彼女は有名になったのである。企業の例としては，ビール醸造会社のミラー社の例がある。この会社はビール醸造会社としては１番手ではなかったが，ライトビール（light beer）という新しいカテゴリーを築くことによって成功を収めた。

ポジショニングの方法③ —— あえて２番手に甘んじる

　さらに，あえて２番目に甘んじることによって成功を収めるポジショニングもあるという。その例として，レンタカー会社のエイビス社が行ったキャンペーンがある。レンタカー会社の最大手はハーツ社で，エイビス社は長年２番手に甘んじてきた。ところがある時，２番手でいることを逆手にとる戦略に出た。その名コピーが次のものである。

Avis is only No.2 in a rent-a-cars, so why go with us? We try harder.
エイビス社はレンタカー業界では２番手に過ぎません。ですから，わが社を利用してください。一層の努力をします。

　このタイトルの下に本文が続き，最後の行が特に有名である。

The line at our counter is shorter.
わが社のカウンターは他社よりも長く並びません。

　このコピーで売り上げが急増し，エイビス社は成功を収めた。その理由を一般の人は「一層の努力をしたからだ」と考えているが，アルとジャックはそうではないと言う。エイビス社が最大手のハーツ社と自社とを関係づけて，自らのポジショニングを決めたからだと言う。では，この場合のポジショニングとは具体的にはどんなものだろうか。アルとジャックは上述の本の最初のほうで，次のように述べている。英語で見てみよう。

英語で知識を整理

Positioning starts with a product. A piece of merchandise*, a service, a company, an institution, or even a person. Perhaps yourself. But positioning is not what you do to a product. Positioning is what you do to the mind of the prospect*. That is, you position the product in the mind of the person.

ポジショニングは製品から始まる。商品，サービス，企業，組織，さらには人から始まる。多分，あなた自身でもよい。しかし，ポジショニングは製品に何かをすることではない。ポジショニングは潜在的顧客の心に対して何かをすることだ。つまり，人の心に製品を定着させることだ。

＊ merchandise = 商品，prospect = 潜在的顧客

　この説明をレンタカー会社のエイビス社のコピーに当てはめてみよう。レンタカーの利用者は，ハーツ社に車を借りに行く時は長い列に並ばなければならない。それ以外にも不満な点はいろいろとあり，心の中では「何とかならないか」と思っている。そのような利用者の心に，「わが社のカウンターは他社よりも長く並びません」というエイビス社のコピーは訴えたのである。ポジショニングとは製品を全面に出して，それを押し売りするようなことではない。消費者の心に何があるのかを突き止め，他社と関係づけながら自社の位置づけをすることなのだ。

ホスタイル・ブランド

　前にも紹介したヤンミ・ムンは，その著書 *Different* の中で，「現代のように商品の差別化が困難な時代には，製品を売ろうとパーティーのホステスのように消費者に媚びるのではなく，自社製品の長所も短所もさらけ出し，顧客が来なければそれまでといった，毅然とした企業姿勢もある」とし，「このような企業姿勢をホスタイル・ブランド（hostile brand）と呼びたい」と言っている。コピーからすれば，エイビス社もホスタイル・ブランドの部類に入るであろう。

　では，全体を英語でまとめてみよう。

英語で知識を整理

In a society with too much communication, the only way to score big is to be selective, to concentrate on narrow targets, to practice segmentation. In a word, "positioning."

情報過多の社会にあっては，大きな得点を挙げる唯一の方法は，選択的になって，狭い標的に的を絞り，細分化を実行することだ。つまり，「ポジショニング」である。

意味を言ってみよう

- □ positioning
- □ the overcommunicated society
- □ flood of information
- □ light beer
- □ hostile brand
- □ potential benefit
- □ defense mechanism
- □ merchandise
- □ the oversimplified mind
- □ new category
- □ prospect

13. ティッピング・ポイント
tipping point

【定義】 商品などが突然売れ出す境界点のこと。

疫学からの応用

「ティッピング・ポイント」は元来，疫学（epidemiology）の表現である。それをマルコム・グラッドウェル（Malcolm Gladwell: 1963-）が，彼の著書 *The Tipping Point: How Little Things Can Make a Big Difference* のタイトルに使ってから有名になった言葉だ。なお，このタイトルにある tip は「傾く；傾ける」の意味を持つ。

疫学におけるティッピング・ポイントは，小さな変化がシステム全体に影響を与え，大きな変化をもたらす瞬間のことである。例えば，一定地域の住民に広がっていた通常のインフルエンザが，急に流行病（epidemic）に変化する瞬間などを指す。グラッドウェルは，実際にこのようなことを経験していた。彼がワシントンポストのレポーターとしてエイズの取材をしていた時のことだ。当初，エイズは少数の男性同性愛者がかかる珍しい病気だと思われていたが，1982年を境目に世界的な流行病になった。これにヒントを得て，グラッドウェルは疫学で使われるティッピング・ポイントを，製品や考え，トレンドや社会的行動（social behavior）などに拡大して使ったのである。したがって，グラッドウェルの言うティッピング・ポイントは，次のように定義できる。

英語で知識を整理

The tipping point is the critical moment when a product, an idea, a trend, or a social behavior crosses a threshold and spreads like wildfire.

ティッピング・ポイントとは，製品や考え，トレンド，社会的行動などが，境界点を超えて，燎原の火のように広がっていく決定的瞬間をいう。

ティッピング・ポイントの具体例

　グラッドウェルはティッピング・ポイントの例として，ほとんど死にかけていたハッシュパピーというブランドの靴を取り上げている。この靴は辺鄙な田舎町でわずかに売れる程度で，販売数は1年に3万足にまで落ち込んでいた。会社は靴の製造をやめようと考えていたが，1994年から1995年頃にかけて急に売れ出した。1995年には43万足，翌年にはその4倍，翌々年にはさらにもっと売れたのだ。このきっかけとなったのは，ニューヨーク市のイースト・ヴィレッジに住む少数の子どもたちが，ハッシュパピーの中古の靴を買ったこと。そして，少数のデザイナーたちがハッシュパピーをショーに使ったり，ブティック（boutique）などに展示し出したことだ。すると口コミ（word of mouth）で商品のうわさが広がり，やがて1995年以降の大ブレイクとなったのである。

ティッピング・ポイントの特徴

　グラッドウェルは，このような突然の流行には疫学における流行病と同じく，(1) 感染力がある（contagious），(2) 小さな原因が大きな影響力を持つ（Little causes have big effects.），(3) 変化がゆっくりではなく急激に起きる，という3つの特徴があると言う。若干，補足しておくと，(1) は，当事者たちが意図的に広めようとしているのではなく勝手に広がっていく，ということである。(3) は，われわれの想像を超えた広がり方をするということだ。グラッドウェルは，それを理解するには，1枚の大きな紙を50回2つ折りしてみるとよいと言う。折られた紙の厚さはほぼ太陽にまで達するほどになるという（下図参照）。

```
                1
               11        （1回折った状態）
              1111       （2回折った状態）
            11111111
          1111111111111111
      11111111111111111111111111111111
1111111111111111111111111111111111111111111111111111111111111111
```

ティッピング・ポイントに達するための推進力

　グラッドウェルは，商品や考えなどがティッピング・ポイントに達するには，次の3つの基本的な推進力が必要だとする。

(1) **少数者の法則（the Law of the Few）**

　口コミで流行を広めるにはごく少数の人で足り，これらの少数者は次の3つに分かれる。

- **コネクター（connectors）**
  広い交友のネットワークを持っている人たちで，**社会的接着剤（social glue）**の働きをする。
- **メイヴン（mavens）**
  maven とは，「くろうと，目利き，通人」の意味である。ある分野について詳しい知識を持っている人たちを指す。
- **セールスマン（salespeople）**
  人を説得するのがうまい人たちを指す。これはメッセージの伝え方がうまいというよりも，その人の魅力，情熱，人なつっこさなどといったものである。つまり，人を情緒的，感情的に感染させる**非言語的コミュニケーション（nonverbal communication）**の力を持っている人たちのことを指す。このような人たちは，無意識のうちに心理学者が言うところの**原初的模倣（motor mimicry）**に関わっているという。これは，例えば，他人がほほ笑むとこちらも自然にほほ笑んでしまうという**共感（empathy）**の作用のことだ。格好よくタバコを吸っていて，他人にもタバコを吸ってみようかなと思わせる人は，このセールスマンの部類に入る。

(2) **記憶に定着する要素（the Stickiness Factor）**

　少数者の法則が伝え方に関するものであるのに対して，これは商品や考えの内容に関するものである。いくら伝え方がよくても，内容が悪く魅力的でないなら，それは人々に受け入れられず，記憶に定着しない。問題の商品や考えが多くの人の心に響くには，時には細かい手直しも必要になる。ちょっとした手直しで全体の印象がまったく違ってくることがあるからだ。

(3) **環境の力（the Power of Context）**

　環境や状況の力のことである。突然の流行は真空の中で起こるわけではなく，

環境や状況に影響を受ける。この例としてグラッドウェルは,「**割れた窓の理論（the Broken Windows theory）**」というものを紹介している。これは「犯罪は無秩序の結果である（Crime is the result of disorder.）」という心理学者が説いた理論である。この部分を英語で見てみよう。

英語で知識を整理

If a window is broken and left unrepaired, people walking by will conclude that no one cares and no one is in charge. Soon, more windows will be broken, and the sense of anarchy* will spread from the building to the street on which it faces, sending a signal that anything goes.

もし窓が割れていてそのまま放置されていると、そばを通り過ぎる人は、気にかける人も管理する人も誰もいないのだと結論づける。ほどなく、窓はもっと割られ、無政府状態の気分がその建物から向こう側の通りにも広がり、何をしてもまかり通るというシグナルを送ることになる。

＊ anarchy = 無政府状態

ここで言う「割れた窓」には、**落書き（graffiti）** なども入る。グラッドウェルは、落書きが多く、犯罪が多発していたニューヨーク市の地下鉄が、関係者の努力によって落書きが消去され、犯罪が劇的に減った例も紹介している。

批判と反論

グラッドウェルのティッピング・ポイントについて、アカデミックな世界から、「お手軽なポップ社会科学（facile piece of sociology）」であり、示されている解決法は**バンドエイドの解決法（Band-Aid solution）** に過ぎないとの批判がある（Band-Aidには「間に合わせの」という意味がある）。これについてグラッドウェルは同書の中で、次のような趣旨の反論をしている。

「私たちは、本当の解決とは**包括的な（comprehensive）** ものであり、辛抱強

い着実な努力の結果得られるものであると考える傾向があるが，このような解決法は常に利用できるわけでもないし，お金もかかる。バンドエイドの解決法は，非難に値するようなたぐいのものではなく，努力も時間もコストも最小限で済む優れた解決法である。」

意図的応用

なお，グラッドウェルがこの本を書いた動機が，本の最初のほうに述べられている。

英語で知識を整理

Why is it that some ideas or behaviors or products start epidemics and others don't? And what can we do to deliberately start and control positive epidemics of our own?

考えや行動や製品の中に，流行病を引き起こすものと引き起こさないものがあるのは一体なぜなのか。そして，自らの手で有益な流行病を意図的に引き起こし，コントロールするために，私たちにできることはあるのだろうか。

企業でマーケット戦略を担当する人たちは誰しも，意図的に商品の流行病を引き起こしたいと思っている。しかし，それは本当に可能なのだろうか。前に紹介したニューヨーク市の地下鉄から犯罪を減らしたのも意図的にコントロールできた一例だが，別の例も挙げておこう。

アメリカのサンディエゴで，ジョージア・サドラーという看護師が，黒人のコミュニティで，糖尿病（diabetes）と乳がん（breast cancer）に関する知識と意識を高めようとした。最初は教会でセミナーなどを開いたが，期待とは裏腹にわずかな人数しか集まらず，集まった人たちはすでに病気についてかなり知っている人たちだった。本当に来て欲しいと思う人たちが来なかったのだ。そこでサドラーは作戦を変え，美容院（beauty salon）に病気について書いた大きなパネルを置いてもらい，美容師に協力してもらうことにした。美容院では，客は少なくとも2時間はいるだろうから，客は捕らわれの聴衆（captive audience）

となる。美容師と客は特別な関係であり、美容師は話もうまい。サドラーは民俗学者 (folklorist) にも協力を仰ぎ、人を説得する技術を美容師たちに学んでもらった。美容院に病気に関する新しい情報も絶えずインプットした。その結果、黒人女性たちの態度を変えることに成功し、マンモグラム (mammogram) と糖尿病の検査を受診させることに成功したのである。意識したかどうかは別として、サドラーが「少数者の法則」、「記憶に定着する要素」を活用していたことは明らかであろう。

　エルメスのスカーフ、プラダのバッグ、アップル社の iPod などは、ひょっとしたらグラッドウェルの理論をひそかに使っているのかもしれない。

第3章 マーケティング

意味を言ってみよう

- □ tipping point
- □ social behavior
- □ contagious
- □ social glue
- □ nonverbal communication
- □ empathy
- □ the Broken Windows theory
- □ graffiti
- □ diabetes
- □ captive audience
- □ epidemiology
- □ boutique
- □ the Law of the Few
- □ mavens
- □ the Stickiness Factor
- □ Band-Aid solution
- □ breast cancer
- □ folklorist
- □ epidemic
- □ word of mouth
- □ connectors
- □ salespeople
- □ motor mimicry
- □ the Power of Context
- □ anarchy
- □ comprehensive
- □ beauty salon
- □ mammogram

14. バイラル・マーケティング
viral marketing

【定義】 ウイルスと類似したインターネット上の増殖機能を利用するマーケティング戦略のこと。

最小の予算で最大の効果

viral という単語は，virus（ウイルス）の形容詞である。したがって，viral marketing をそのまま訳すならば，「ウイルスによるマーケティング」の意味になる。この言葉は，ハーバード・ビジネススクールで教鞭をとっていた**ジェフリー・レイポート（Jeffrey Rayport）**が，1996 年に発表した論文 ***The Virus of Marketing*** の中で初めて使ったと言われている。彼はこの論文の中で，「われわれは生物学上のウイルスであれ，コンピュータ上のウイルスであれ，ウイルスを恐れたり嫌悪したりするけれども，無際限に継続し自己増殖する（self-propagating）これらの存在は，マーケターに重要な教訓を持っている」と述べた後，このようなウイルスを利用したマーケティングを viral marketing と呼び，あるいは，この言葉がきついと思われるなら，v-marketing を使用したらどうか，と勧めている。レイポートはまた，「バイラル・マーケティングは，短時間に，最小の予算（minimal budget）で，最大の効果（maximum effect）をあげることが可能なマーケティング戦略である」とも述べている。

具体的方法

バイラル・マーケティングは，具体的にはどのような手法を用いるのだろうか。以下にまとめてみよう。

●メッセージを商品自体に組み込む方法

バイラル・マーケティングのパイオニアと言われている無料の電子メールサービス，ホットメール（Hotmail）の場合を見てみよう。

ホットメールは，まったく無名のベンチャー企業（venture company）であったが，次のような方法で短期間に数百万のユーザーを獲得した（ホットメールはのちにマイクロソフトに買収された）。その方法とはこのようなものだ。まず，あなたがホットメールのサービスを利用して友人にメールを送ると，受信した友

人はそのメールの一番下に次のようなメッセージがあることに気づく。

英語の場合：

> Get your private, free e-mail at http://www.hotmail.com

日本語の場合：

> このメールは無料メール・サービス Hotmail を使って送られました。興味がある人は www.hotmail.com へどうぞ。

もし友人がホットメールに興味を持ち，上のサイトにアクセスすれば，ホットメールは自動的に顧客を獲得する。この場合，商品（ホットメール）は，ウイルス（ホットメールの利用を勧めるメッセージ）が寄生するための宿主（host）である。つまり，ウイルスが商品自体に組み込まれているのである。この方法について，レイポートはこう述べている。

英語で知識を整理

Viruses do not spread by chance. They let the high-frequency* behaviors of their hosts —— social interaction, email, Websurfing —— carry them into new territories.

ウイルスは偶然に広がることはない。ウイルスは，彼らの宿主 —— 人の交流，電子メール，ウェブサーフィン —— の高頻度の行動によって自分たちを新しい領域に運んでもらう。

＊ high-frequency = 高頻度

●インセンティブに基づく方法

　これは，ユーザーの勧誘行動を誘発するようなインセンティブを付ける方法である。「お友達を紹介してくださった方に割引券を差し上げます」とか「この質

問項目（questionnaire）に答えてくださった方は商品を無料（free）とします」というような文句で勧誘する。この例では，割引券や無料の商品がインセンティブになる。しかし，この方法では，予想外に大きな成功を収めた場合に，インセンティブに必要な金額が途方もないものになる可能性がある。

バイラル・マーケティングの成功の秘訣

　バイラル・マーケティングが成功するには，一般に，次のような点に注意すべきだと言われている。

（1）無料であること
　　ウイルスは辛抱強い。長い間，宿主の中で眠って（dormant）いて，かなりの時間が経ってから見返り（payback）を要求する。それと同じように，バイラル・マーケティングの場合も，すぐに見返りを要求せず，無料であるのがよい。無料のサービス，無料の情報，無料のソフトウェアなどを提供し，ユーザーに有料の関連商品（related product）に対する関心を持たせ，いずれは買ってもらうように仕向ける。すぐには利益を上げることができないかもしれないが，いずれは利益につながる。満足を先延ばしする（delay gratification）辛抱強さが必要だ。

（2）大勢の人が興味を持ちそうな商品であること
　　人はインターネットを情報源（information source）と見ている。したがって，「これはよい情報だから友人に知らせたい」と思わせるような商品にすることが大切である。その際に，できれば人間の共通の感情（common emotions）に訴えるような商品がよい。格好よくありたい，人気者になりたい，愛されたい，理解されたい，といった誰もが持っている感情だ。音楽のファイル交換ソフトであるナップスター（Napster）が広がったのは，商品の便利さに加え，格好よくありたいという若者の感情に訴えたからだと言われている。

（3）簡単な操作で広められること
　　これは商品の情報を簡単に他人に送信できることを意味する。ホットメールが成功したのは，受信したメールの最後のメッセージをクリックするだけで済んだからだ。

（4）人の弱いつながり（weak ties）を利用すること
　　この点につき，レイポートは次のように述べている。

英語で知識を整理

Sociologists have long noted that individuals with many casual social connections have a larger influence on communications than do individuals with fewer strong connections.

社会学者は昔から，少数の人と強いつながりを持っている人よりも，多くの人と軽いつながりを持っている人のほうが，コミュニケーションにより大きな影響を持つということに注目してきた。

　　メッセージを多くの人に伝えたいと思う時は，家族とか友人といった強いつながりを利用するよりも，例えば，多くの人と接する美容師やレストランの接客係などの，人との弱いつながりを利用するほうが効率的なことがある。レイポートは，人の弱いつながりをビジネスに利用した例として，プラスチック製密封容器を販売しているタッパーウェアを紹介している。タッパーウェアは郊外のコミュニティなどで，地域の人にホストになってもらい，自社の商品を実演するパーティーを開く。友人を呼び，食事も用意する。費用はすべて会社持ちである。うわべは社交パーティーのような感じであるが，これが効果があるという。また，インターネットを利用する人は他の人と強いつながりだけでなく，弱いつながりも持っている。そして人によっては，電子メールのアドレスや好きなウェブサイトのURLをたくさん集めている。このような人を利用すれば，メッセージを簡単に増殖させる（multiply）ことができる。

（5）ティッピング・ポイントが来るまで粘ること
　　ウイルスは，ティッピング・ポイントに到達して初めて流行病になる。人の弱い結び付きを利用しても，一晩で効果が出るわけではない。ティッピング・ポイントが来るまで辛抱強く待たなければならない。

(6) 不適切なバイラル・マーケティングを避けること

バイラル・マーケティングは不適切なやり方をすると，**ネズミ講（pyramid selling）**や**スパム（spam，無差別に送りつけられるくずメールのこと）**と間違えられる可能性がある。このようなものとは無関係であることをメッセージに明示することが必要である。

バイラル・マーケティングは，対象を絞らず大勢の人を標的にするマス・マーケティングを行うだけの資金がないベンチャー企業や小企業が利用する，裏技的なマーケティング手法と見られてきた節があるが，近年はペプシ・コーラやナイキなどの大企業も必要に応じて利用するようになっている。それに，マス・マーケティング自体がかつてほど効果的でないことも想起すべきであろう。

バイラル・マーケティングは，ティッピング・ポイントとあわせて考えると，一層有効なマーケティング戦略になる可能性がある。

意味を言ってみよう

- □ viral marketing
- □ maximum effect
- □ host
- □ free
- □ related product
- □ common emotions
- □ multiply
- □ self-propagating
- □ Hotmail
- □ high-frequency
- □ dormant
- □ delay gratification
- □ Napster
- □ pyramid selling
- □ minimal budget
- □ venture company
- □ questionnaire
- □ payback
- □ information source
- □ weak ties
- □ spam

ビジネスの気になる論点 ❾

イノベーションとマーケティングはどういう関係にあるのですか？また，破壊的イノベーション（disruptive innovation）とはどのようなことを言うのですか？

Key points!
① イノベーションとマーケティングの関係
② イノベーションの7つの機会
③ 持続的イノベーション（sustaining innovation）と破壊的イノベーション
④ 破壊的イノベーションの例

① イノベーションとマーケティングの関係

ドラッカーの非常に有名な言葉に，次のようなものがある。

"The business has two —— and only two —— basic functions: marketing and innovation. Marketing and innovation produce results: all the rest are costs."

企業には2つの，それもたった2つの役割しかない。マーケティングとイノベーションだ。マーケティングとイノベーションは結果を生むが，残りはすべてコストである。

イノベーションの意味に関してよくある誤解は，研究室（laboratory）で優れた装置を発明すれば，それがイノベーションである，というものだ。しかし，これはビジネスにおけるイノベーションではない。なぜだろうか。ビジネスには多くの制約（restriction）があるからだ。製品開発のための資本（capital）や労働（labor）は利用可能なのか。原材料の供給は可能か。競合他社よりも優れた製品を作れるか。流通のチャネル（channel of distribution）は確保できるか。投資（investment）を上回る利益を上げられるか。そして何よりも，作られた製品は顧客を満足させるものであるか。この点について，ドラッカーは *Management:*

Tasks, Responsibilities, Practices の中で次のように述べている。

英語で知識を整理

Innovation is not a technical term. It is an economic and social term. Its criterion* is not science or technology, but a change in the economic or social environment, a change in the behavior of people as consumers or producers, as citizens, as students or as teachers, and so on.

イノベーションは技術的な言葉ではない。それは経済的、社会的な言葉だ。その判断基準は科学やテクノロジーではなく、経済的環境あるいは社会的環境の変化、つまり、消費者あるいは生産者としての、市民としての、学生あるいは先生などとしての人々の行動の変化である。

＊ criterion = 判断基準

　ここでドラッカーが言っていることは、企業が技術的な興味から目新しい物（novelty）を作り、そしてそれがどれほど優れていても、それはイノベーションではないということである。イノベーションとは、顧客のニーズを探り、顧客の満足を得る新製品や新サービス、あるいは新規事業を考案することなのである。この意味で、イノベーションはマーケティングに依存する関係にある。ドラッカーは、*Innovation and Entrepreneurship* の中で、「起業家として成功する人は、ミューズ神（the Muse,「霊感の源泉」の意）が口づけをし、素晴らしい考えを与えてくれるまで待ってはいない。自ら出向いて発掘する」と述べ、このようなやり方を系統的イノベーション（systematic innovation）と呼んでいる。これは、マーケットの動向を系統的に調べた上でのイノベーションということであろう。そして系統的イノベーションは、次のような7つの機会をチェックすることから始まるという。最初の4つの機会は組織内にあり、組織内の関係者には目に見えるものだ。残りの3つの機会は、組織や産業の外にあるものである。

② イノベーションの７つの機会

内的なもの
（1） 予期しない事柄（the unexpected）
（2） 不一致（the congruity）
（3） 手直しの必要性（process need）
（4） 産業と市場の構造的変化

外的なもの
（5） 人口統計（demographics）
（6） 認識（perception）の変化
（7） 新しい知識

●予期しない事柄

「予期しない事柄」には，予期しない成功，予期しない失敗，予期しない外的な出来事が該当する。これらにはイノベーションの機会が潜んでいるにもかかわらず，企業はほとんど分析しないという。例えば，予期しない失敗は，たいていの場合，貪欲（greed），愚かさ（stupidity），無思慮な便乗（bandwagon climbing），無能力（incompetence）などの結果に過ぎないが，中には慎重に計画され実行されたにもかかわらず失敗しているものがある。このような失敗は，顧客のものの考え方に何か変化が起こっていることを示唆している。そこにイノベーションの機会が横たわっているのである。

●不一致

「不一致」とは，現実とあるべきマネジメントとのギャップを指す。例えば，自動車を購入する場合，買い手には気に入らないことが多くある。販売店員と値段のことで言い争いをすること，誤解を招くような広告（misleading ad），販売特約店（dealership）で何時間も過ごさなければならないことなどである。オンライン・ショッピングの組織は，ここにイノベーションの機会を見出した。これらの組織は，顧客が不満を感じないように，新車だけでなく中古車も買えるようにし，車種，保証（warranty），融資（financing），保険などに関する正確な情報を提供し，一度のショッピングで済むようにした。

●手直しの必要性

「手直しの必要性」とは，「もっとよい方法があってしかるべきだ」という認識から始まるイノベーションである。例えば，かつてアメリカでは芝生（lawn）に農薬（chemical）をまく時，均等に散布されないという問題があったが，長い間，これは仕方がないこと，これが業界標準との認識が定着していた。ところが，ある企業がそこにイノベーションの機会を見出し，農薬を均等に散布できる機械を工夫した。現在ではこれが業界標準になっている。ドラッカーは，手直しの必要性に基づくイノベーションを，「必要は発明の母（Necessity is the mother of invention.）」と要約している。

次の英文はドラッカーからの引用である。

英語で知識を整理

In innovations that are based on process need, everybody in the organization always knows that the need exits. Yet usually no one does anything about it. However, when the innovation appears, it is immediately accepted as "obvious" and soon become "standard."

手直しの必要性に基づくイノベーションの場合，組織内のすべての人が手直しの必要性があることを常に認識している。けれども，通常はそのことに関して誰も何もしない。しかし，イノベーションが起こると，それは直ちに「当然のこと」と受け止められ，すぐに「業界標準」になる。

●産業と市場の構造的変化

産業や市場の構造は，時に長い間続くことがある。そのために，このような構造はまるで自然の秩序の一部のようで，永遠に続きそうに思われる。ところが，実際はそうではない。ほんのちょっとしたほころびがあるだけで，急速に瓦解する。例えば，郵便事業がよい例だ。米国郵政省（U.S. Post Office）は，郵便事業の分野で長い間安定的な地位を築いてきたが，宅急便事業のフェデックスやその他の企業がそのシェアを徐々に奪い取っていった時，これに対処する行動を起

こさなかった。その結果，米国郵政省はそのシェアを大きく失うことになった。産業と市場の構造は非常に**もろい（vulnerable）**ものである。

● 人口統計

「人口統計」とは人口の変化だけではなく，人口の大きさ，年齢構成，雇用，教育のレベル，収入における変化などを意味する。**共働きの家庭（two-earner family）**では，時間よりもお金があるから，消費のしかたもそれに応じたものになる。また，若い頃に幅広い教育を受けた人は，高度な専門教育の顧客になる可能性がある。60代の人々は，旅行やバケーション市場の標的になる。70代の人々は，**高齢者福祉施設（nursing home）**や高額医療の候補者になる。このように，人口統計は最も**予測しやすい（predictable）**もので，イノベーションの確かな機会になり得るものだ。

● 認識の変化

「認識の変化」は，「コップに水は半分も残っている（The glass is half full.）」と見るか，「コップに水は半分しか残っていない（The glass is half empty.）」と見るかの違いである。前者はまだ半分あるという**楽観的な（optimistic）**態度であるのに対し，後者は「もう半分しかない」という悲観的な態度である。大勢の人の認識が前者から後者に変わる時，つまり楽観的な態度から悲観的な態度に変わる時，大きなイノベーションの機会が生まれる。例えば，アメリカでは1960年代以降，国民の健康は著しく向上している。**幼児死亡率（mortality rate for newborn babies）**，老人の生存率，**がんの治癒率（cure rate of cancer）**などがすべて改善している。ところが，このような好ましい事実があるにもかかわらず，国民はかつてないほど健康不安症にとらわれている。何もかもががんの原因となり，心臓病を悪化させ，記憶力の喪失につながるように思うのだ。昔だったら，国民の健康のわずかな改善でも大きな進歩と見られていたが，現在は国民の健康に大きな改善があっても，ほとんど注意が払われない。このような国民の認識の変化にイノベーションの機会がある。百万部以上の**発行部数（circulation）**を持つ健康雑誌も登場しているし，健康器具や健康食品も大きなブームになっている。

●新しい知識

　新しい知識に基づくイノベーションは，マスコミの注目を集めるという点で数あるイノベーションの中では花形スターと言えるが，実際には最も信頼のできない，また最も予測しがたいイノベーションである。その理由の1つ目は，新しい知識に基づくイノベーションは，すべてのイノベーションの中でリードタイム（lead time，製品化までの準備期間のこと）が最も長いということだ。例えば，ルドルフ・ディーゼル（Rudolf Christian Karl Diesel: 1858-1913）がディーゼル・エンジンを考案したのは1897年のことだが，それが実際に製品化されたのは1935年である。また，自動車産業でロボット工学（robotics）や自動化（automation）が叫ばれたのは1950年代のことだが，それが実際の工場に導入されたのは，例えば，日本では1978年である。2つ目の理由は，知識に基づくイノベーションの特色として，1つの要素だけでは済まないことが多いということだ。例えば，ライト兄弟の飛行機の完成には2つの要素が必要だった。自動車の動力源として使用されたガソリン・エンジンと，空気力学（aerodynamics）という数学である。この2つの要素が結合して飛行機が可能になった。以上の理由から，新しい知識に基づくイノベーションはリスクも大きく，時間もかかるが，仮に成功するなら巨万の富だけでなく，名声も得られるようなイノベーションであると言える。

③ 持続的イノベーションと破壊的イノベーション

　次に，破壊的イノベーションについて説明する。

　ハーバード・ビジネススクールの教授である**クレイトン・クリステンセン**（Clayton M. Christensen: 1952-）はその著書 ***The Innovator's Dilemma*** の中で，持続的イノベーションと破壊的イノベーションという分類を示した。

　クリステンセンは，新しい技術のほとんどが製品性能（product performance）を改良したものだと言う。そしてこのような技術を持続的テクノロジー（sustaining technology）と呼び，これに基づくイノベーションを持続的イノベーションとしている。それに対して，真の飛躍（breakthrough）と呼べるような新しい技術を破壊的テクノロジー（disruptive technology）と呼び，それに基づくイノベーションを破壊的イノベーションとしている。破壊的テクノロジーは，当初は製品の性能がよくないのが特徴である。

ほとんどの企業が持続的イノベーションを重視するのは，既存客（existing customer）の要求に応えて製品やサービスを改良していくことが確実に利益を上げられる方法だからである。その意味で持続的イノベーションは，ビジネスの教科書通り，顧客依存型である。それに対して，破壊的イノベーションは既存客のニーズに応えるものではない。伝統的市場の顧客とは異なる尺度で新しいイノベーションを評価してくれる新しい顧客を見つけなければならない。テクノロジーも当初は貧弱である。したがって，少なくとも短期間はあまり収益は見込めない。

　既存の大企業は破壊的イノベーションにどう対応してきたのだろうか。多くの企業は対応を間違って失敗を余儀なくされてきた，というのがクリステンセンの見解である。なぜ対応を間違うのだろうか。破壊的イノベーションは，確かに，初めの頃は顧客も見つからず，利益も上がらず，将来的に期待の持てるものかどうかも不明である。しかし，徐々に既存市場の外に小さな足場を見つけ，その市場を利用してさらに技術開発を進める。やがて破壊的イノベーションの性能は持続的イノベーションの性能を凌駕するようになり，既存市場にも触手を伸ばし，大企業が占有している収益の高い市場（profitable market）を奪うことになる。ところが，既存の大企業は，経営の安全を優先し，破壊的イノベーションを見て見ぬふりをする。だから失敗する。これに該当する例をクリステンセンは数多く紹介しているが，ここではアメリカの鉄鋼産業（steel industry）の例を見ておこう。

④ **破壊的イノベーションの例**

　1960年代に小鉄鋼所（minimill）という破壊的イノベーションが現れた。小鉄鋼所は鉄鉱石（iron ore）ではなく，くず鉄（scrap）を利用する。既存の鉄鋼所（steel company）と比べると，規模は10分の1，鋼鉄を作るコストは15％安い。小鉄鋼所は当初は低品質の（low-quality）鋼鉄しか作れず，市場も建築用の鉄筋に限られていた。そのため，大企業は小鉄鋼所にこの分野の市場を気持ちよく譲る大物ぶりを示した。しかし，大企業が見逃してしたことがあった。それは，小鉄鋼所が大企業の市場にもいずれは進出したいと思っていたことだ。小鉄鋼所は，既存の鉄鋼所と比べると，まったく異なるコスト構造（cost structure）や技術改良スピードを持っていたため，ほどなく構造用鋼（structural steel）や鋼板（sheet steel）も作り始めた。その結果，現在アメリカで生産される鋼鉄の 50％は小鉄鋼所が占めるという結果になったのである。そして，もっと驚くべきことは，ここに至るまでのいずれの時点でも，既存の鉄鋼所が小鉄鋼所の破壊的イノベーションを利用しようとはしなかったことである。

結局，クリステンセンは，既存の顧客のニーズに過度に依存することの危険性を説いたのであった。

では，最後に The Innovator's Dilemma から引用して，まとめておこう。

英語で知識を整理

In order to survive, companies provide customers and investors with products, services, and profits that they require. The highest performing companies, therefore, have well-developed systems for killing ideas that their customers don't want. As a result, these companies find it very difficult to invest adequate resources in disruptive technologies ... until their customers want them. And by then, it is too late.

生き延びるために，企業は顧客や投資家に彼らが必要とする製品やサービスや便益を与える。したがって，業績が最もよい企業は，顧客が望んでいないアイディアを殺してしまうよく発達したシステムを持つ。その結果，こうした企業は破壊的テクノロジーに十分な資源を投資することはかなり困難であると考え…顧客が破壊的テクノロジーを望むようになって初めて考えを改める。しかし，その頃には，すでに手遅れになっている。

意味を言ってみよう

- ☐ disruptive innovation
- ☐ restriction
- ☐ channel of distribution
- ☐ novelty
- ☐ the unexpected
- ☐ demographics
- ☐ stupidity
- ☐ misleading ad
- ☐ financing
- ☐ vulnerable
- ☐ predictable
- ☐ mortality rate for new babies
- ☐ circulation
- ☐ automation
- ☐ sustaining technology
- ☐ existing customer
- ☐ minimill
- ☐ steel company
- ☐ structural steel
- ☐ sustaining innovation
- ☐ capital
- ☐ investment
- ☐ the Muse
- ☐ the congruity
- ☐ perception
- ☐ bandwagon climbing
- ☐ dealership
- ☐ lawn
- ☐ two-earner family
- ☐ optimistic
- ☐ lead time
- ☐ aerodynamics
- ☐ breakthrough
- ☐ profitable market
- ☐ iron ore
- ☐ low-quality
- ☐ sheet steel
- ☐ laboratory
- ☐ labor
- ☐ criterion
- ☐ systematic innovation
- ☐ process need
- ☐ greed
- ☐ incompetence
- ☐ warranty
- ☐ chemical
- ☐ nursing home
- ☐ cure rate of cancer
- ☐ robotics
- ☐ product performance
- ☐ disruptive technology
- ☐ steel industry
- ☐ scrap
- ☐ cost structure

ビジネスの気になる論点 ⑩

日本で大変人気のあるドラッカーは，経営学者としてどのような功績を残したのですか？

Key points!
① ドラッカーの経歴 ── 英国居住時まで
② ドラッカーの経歴 ── 渡米後
③ ジェネラル・モーターズ社への提言
④ ドラッカーが最初に言い出した事柄
⑤ 目標によるマネジメント
⑥ 資本財としての知識労働者
⑦ ドラッカーの功績

① ドラッカーの経歴 ── 英国居住時まで

　日本では昔から，ドラッカーが人気であり，彼の本はビジネスパーソンを中心に着実に読まれてきた。その理由は何だろうか。それを探るには，ドラッカーの出自と経歴，そしてその業績を知る必要がある。

　ドラッカーは1909年，オーストリアのウィーンでプロテスタントの一家に生まれた。父は政府の要職にあり，母は医学を学んだ人である。家庭は知的雰囲気にあふれていた。当時のウィーンはヨーロッパの文化・経済の**中心地（epicenter）**であった。父と母は，当時の**知的エリートたち（the intellectual elite）**を自宅に招き，医学，政治，音楽など広範囲な話題について語ったという。ドラッカーは8歳の時に，**精神分析学（psychoanalysis）**を確立したあの有名な**フロイト**（Sigmund Freud: 1856-1939）とも出会い，握手している。その時父は，「いいかい，覚えておくんだよ。今お前は，オーストリアで，そして多分ヨーロッパで一番重要な人と出会ったのだよ」と語ったという。

　1927年，ヒトラーが**ナチ（Nazi）**の集会を最初に開いた時，ドラッカーはドイツのフランクフルト大学で法律を学んでいた。経済学者の**ケインズ**（John Maynard Keynes: 1883-1946）や**シュンペーター**（Joseph Schumpeter: 1883-1950）の講義も聴いている。大学で学業に励むかたわら，ドラッカーはフランクフルトの新聞社で働き始め，そしてその才能を認められ，編集長にも

なった。1932年，ヒトラーに何回かインタビューをし，「ヒトラーは危険だ」と警告を発したが，誰からも真剣に取り合ってもらえなかったという。1933年，ヒトラーがナチスの総統になって間もなく，ドラッカーはロンドンに移住した。そこで，大不況のさなかに保険会社の証券アナリストとしての職を得ている。1936年，ドラッカーは，ナチズムの台頭に嫌悪感を抱き，ナチズムを非難する『ドイツのユダヤ人問題』をドイツ語で出版した。この本は，ナチスを激怒させ，発禁処分になり燃やされた。ドラッカーはこれ以前，ドイツにいた1933年にもユダヤ系哲学者**フリードリッヒ・シュタール**（Friedrich Julius Stahl: 1802-61）に関して論文を書いているが，これもナチスによって発禁処分になり，燃やされている。

② ドラッカーの経歴 —— 渡米後

1937年，ドラッカーは米国に渡り，複数の新聞社の通信員（correspondent）として新天地での生活を始めた。その新聞社の1つにフィナンシャル・ニュース（現在のフィナンシャル・タイムズの前身）があった。1939年には処女作『**経済人の終わり（The End of Economic Man）**』を出版し，ウィンストン・チャーチル（首相になる前）がイギリスの高級紙タイムズの書評でこれを高く評価している。これを機にドラッカーは文筆家としての礎を築いた。

ドラッカーは，多くの企業の経営コンサルタントを務めるかたわら，1940年からサラ・ローレンス大学で教鞭をとり，その後，ベニントン大学，ニューヨーク大学で教鞭をとった。最後の30年間はクレアモント大学院大学で教えた。1945年，ベニントン大学にいた頃，ジェネラル・モーターズ社から近代的組織としての企業経営のあり方を調査するように依頼を受けた。ドラッカーは，この調査に1年以上かけ，1946年にマネジメントの著作としては最初の **Concept of the Corporation** という本を著した。

この中で彼は，過去にうまく機能してきた組織が，世界的に競争が激化する将来においてもうまく機能するかという点に疑問を抱き，さまざまな観察と提言を行った。

③ ジェネラル・モーターズ社への提言

ドラッカーは，組立ライン（assembly line）が一番作業速度の遅いところで

停滞するため非効率性が生まれていること,最終結果 (end result) が見られないために労働者に意欲喪失 (demotivation) が見られること,細かいチェックや規則のために自発性がそがれていること,官僚組織 (bureaucracy) のために意思決定が遅く,これが組合との対立を生み,自律的な組織を作る妨げになっていることなどを観察した。そして,意思決定を分権化させるべきだということ,管理者はさまざまなタイプの性格の人から選ぶべきだということ,長期的目的 (long-term goal) は一連の短期的目標 (short-term objective) を通して達成すべきだということ,管理者の最も重要な資質は高潔さ (integrity) であるべきだということなどを提言した。この提言から明らかなように,ドラッカーは組織の意向に迎合するようなタイプの人ではない。

　ドラッカーの提言のうち,例えば,分権化,権限授与 (empowerment),多様性 (diversity) などは現代の企業のほとんどが採り入れているが,ジェネラル・モーターズ社の幹部はこれらの提言を受け入れなかった。それどころか,ドラッカーはジェネラル・モーターズ社から好ましくない人物 (persona non grata) とされたのであった。これはジェネラル・モーターズ社の狭量 (narrow-mindedness) のせいか,それともドラッカーの考えが当時の時代よりもはるかに先を行っていたせいなのか。おそらく,その両方であったのだろう。

④ ドラッカーが最初に言い出した事柄

　以上がドラッカーがマネジメントの書き手として出発するまでの略歴であるが,その後も彼は長きにわたり,マネジメントのグルとしてアメリカの産業界に君臨してきた。その成功の理由は,ドラッカーには何よりも時代の先を読み取る才能があったからだと言われている。後世の学者が新しいことを提案しても,それはすでにドラッカーが述べていることが多かったのだ。例えば,ビジネスの気になる論点⑦で紹介したレビットの「マーケティング近視眼」は,レビット自身が *Marketing Myopia* という論文の中で,ドラッカーの著書 *Concept of the Corporation* と **The Practice of Management** に負うところが大きかったと認めている。*The Practice of Management* はドラッカーが1954年に出版した本で,アメリカの企業の管理者が20世紀で最も優れたビジネス書としてよく挙げるものだ。その内容を要約したものを英語で紹介しよう。これはイギリスのエコノミスト誌が出版している **Management Ideas and Gurus** からの引用である。

英語で知識を整理

In his 1954 book *The Practice of Management*, he (= Drucker) argued that management was one of the major social innovations of the 20th century, primarily a human activity, not a mechanical or an economic one. He pioneered the idea of the corporation as a social institution.

1954年の *The Practice of Management* の中でドラッカーは，マネジメントは20世紀の主要な社会的イノベーションの1つで，機械的な活動でもなく，経済的活動でもなく，何よりも人間的活動であったと主張した。彼は社会的制度としての企業という概念を最初に切り開いたのである。

では，ドラッカーが経営学者として最初に述べた事項にはどのようなものがあるのだろうか。南カリフォルニア大学教授の**ジェームズ・オトゥール**（James O'Toole）は，次のようにまとめている。

ドラッカーが最初に言い出した事柄

(1) 管理者は企業文化を維持する人である。
(2) トップマネジメントの仕事として，社員教育（mentoring），キャリア計画，幹部教育（executive development）が積極的に行われるべきである。
(3) 企業の成功はCEOが宣言するビジョンに依存する。
(4) 組織の構造は戦略によって決まる。
(5) 管理者層（management layers）を削減すべきである。
(6) 成功は基本（basics）に執着することから生まれる。
(7) 組織の主たる目的は顧客を創造することである。
(8) 成功はつまるところ，消費者への感受性（sensitivity）と革新的製品（innovative product）のマーケティングに尽きる。
(9) 質が生産性の尺度である。
(10) 知識労働者（knowledge worker）とその生産性を考慮すべきだ。
(11) 脱工業化時代（postindustrial age）では，マネジメントへの新しいアプロー

チが必要である。

　これら 11 の項目の中にはこの本でもすでに取り上げたものもあるので，(3) と (10) について説明を加えておきたい。
　(3) の「企業の成功は CEO が宣言するビジョンに依存する」とは，ドラッカーの説く目標によるマネジメント（management by objectives）のことである。ドラッカーの本を読むと，常に「目的あるいは目標とは何か」との問いが発せられている。ドラッカーはなぜ目的や目標を重視するのだろうか。*Innovation and Entrepreneurship* の中にその答えがある。ドラッカーはこの本の中で，次のような趣旨のことを述べている。

「私がマネジメントの分野で革新的なことを行ったとするなら，それは 1940 年代に行った次のような分析（analysis）に基づく。この当時，すでにマネジメントに関する知識，例えば，組織理論，労働と労働者の管理などに関する断片的な知識はたくさんあった。これらの知識は 12 の異なる分野に散らばっていたが，分析の結果，企業の目的とか，トップマネジメントの仕事や構造についての知識，企業政策や企業戦略，目標などについての横断的な知識が欠けていた。そこで私はこれらの知識を生み出そうと心に決めたのだ。」

⑤ 目標によるマネジメント
　こうして生み出されたものの 1 つが目標によるマネジメントである。これをよりよく理解するために，ドラッカーが 2004 年に著した **What Makes an Effective Executive?** という論文の一部を見てみよう。この論文は企業のコンサルタント業を営むマッキンゼー社が，同年の最も優秀な論文として賞を授与したものである。この論文で，ドラッカーは，過去に実績を上げてきた企業幹部らは 8 つの習慣（practice）に従ってきたとして，最初の習慣に次のような問いを挙げている。

　　They asked, "What needs to be done?"
　　彼らは「何をなす必要があるか」と問うた。

つまりこれは，目的や目標を問うということだ。そして，ドラッカーはアメリカの**トルーマン大統領（Harry Truman: 1884-1972）**の例を挙げている。

　トルーマンが 1945 年に大統領になった時，彼は自分が何をしたいか（What do I want to do?）は正確にわかっていた。それは第二次大戦で頓挫していたルーズベルト大統領のニュー・ディール政策を受け継ぎ，経済的社会的改革を完成させることだった。ところが彼は，「何をなす必要があるか」という問いを発し，**外交問題（foreign affairs）**が**絶対優先事項（absolute priority）**であることに気づいた。そこで彼は毎日，国務長官や防衛長官らによる**外交政策（foreign policy）**についてのレクチャーを受けた。その結果，外交問題に誰よりも精通し，アメリカにおいて外交問題で最も実績を上げた大統領になった。**マーシャルプラン（Marshal Plan）**によってヨーロッパとアジアにおける**共産主義（communism）**を封じ込め，またその後 50 年間にわたる世界規模の経済成長のきっかけを作ったのであった。ドラッカーはこうまとめている。

英語で知識を整理

The first practice is to ask what needs to be done. Note that the question is not "What do I want to do?" Asking what has to be done, and taking the question seriously is crucial for managerial success. Failure to ask this question will render even the ablest executive ineffectual.

最初の習慣は何をなす必要があるかを問うことだ。その問いは，「自分は何をしたいか」ではない。何をなす必要があるかを問い，そしてその問いを真剣に受け止めることが経営が成功するためには絶対に必要である。この問いに答えられなければ，どれほど有能な幹部であっても，実績は上げられないだろう。

⑥ 資本財としての知識労働者

　次に（10）の知識労働者について述べよう。この言葉もドラッカーが言い出したことである。ドラッカーはなぜ知識労働者を問題にするのだろうか。それを 1999 年に彼が著した **Management Challenges for the 21st Century** に見てみよう。

「先進国における中心的課題は，もはや肉体労働（manual labor）の生産性ではない。われわれはその方法についてはどのみち知っている。これからの中心的課題は，知識労働の生産性の向上である。知識労働者はすべての先進国の労働力人口（workforce）の中核を占めるに至っている。知識労働者は，おそらくアメリカではすでに全労働力人口の 5 分の 2 を占めているだろう。他の先進国ではこれよりも少ないかもしれないが，労働力人口に占める割合は急速に増加している。先進国の将来の繁栄と生存は，とりわけ知識労働者の生産性にますます依存するようになるだろう。」

　そしてドラッカーは知識労働者の生産性の向上のための条件として，少なくとも次の 6 つがあるとしている。

(1) 知識労働者は，仕事の目的は何かを自問すること。
(2) 知識労働者は，生産性の向上には自ら責任を負う。また自ら管理し，自律性（autonomy）を持たねばならない。
(3) イノベーションを継続して行うことは知識労働者の仕事の一部であり，任務であり，責任である。
(4) 知識労働者は自ら学び，人にも教える。
(5) 知識労働者の生産性は，量（quantity）ではなく質によって測定される。
(6) 知識労働者は，組織にとってはコストではなく，資本財（capital asset）である。知識労働者は他のすべての機会に優先して組織のために働かなければならない。

　そしてドラッカーは特に（1）と（6）について同書で説明を補足している。知識労働では，仕事の目的は何かを問うことが中心的な課題になるが，その理由

は、知識労働は肉体労働と異なり、プログラム化されていないからだと言う。そして、ある病院での実例を紹介している。

ドラッカーはある病院で看護師たちに「仕事の目的は何か」との問いかけをした。答えは大きく2つに分かれ、患者の看護（patient care）と医者を補助することの2つが挙がった。しかし、生産性を邪魔するものについては、全員の答えは一致していた。それは彼らが「雑用（chore）」と呼んでいるもので、書類事務、花生け、患者の親類からの電話への対応などだった。そしてこれらの雑用を、看護師よりも給与の低い病棟事務員に任せた。その結果、病棟看護師（floor nurse）の生産性（患者の看護）は倍以上になった。患者の満足度も倍以上になった。さらに、破滅的なほど高かった看護師の転職率もほとんどなくなった。これらすべてが4カ月以内に起こったのである。

資本財としての知識労働者については、ドラッカーはこう述べている。

「経済学も経営の慣行からも、肉体労働者はコストとして見られている。しかし、知識労働者は、その生産性を上げるためには、資本財として扱わなければならない。コストは管理し、削減しなければならないが、資本財は逆に増やさなければならない。しかし、知識労働者は肉体労働者と異なり、自ら生産手段（means of production）を所有する。生産手段を所有するからこそ、知識労働者の流動性（mobile）は高い。経営陣の職責の1つが資本財の保全にあることを考えると、知識労働者の持つ知識が資本財としてますます重要になっている。生産性が最も高い知識労働者を引きつけ、とどめるにはどうしたらよいのか、組織は真剣に考えなければならない。」

⑦ ドラッカーの功績

以上、ドラッカーの業績を急ぎ足で見てきたが、日本でドラッカーがにわかに大きなブームになったのはなぜだろうか。それは、とかく非人間的になりがちな現代の経営環境の中で、彼の人間主義、倫理性に新たな光が当てられているからであろう。ドラッカーは2005年11月11日に95歳で亡くなったが、その追悼記事を *BusinessWeek* 誌が同月の28日に発表している。その中に次のような箇所がある。英語で見てみよう。

英語で知識を整理

In the 1980s he (= Drucker) began to have grave doubts about business and even capitalism itself. He no longer saw the corporation as an ideal space to create community. In fact, he saw nearly the opposite: a place where self-interest had triumphed over the egalitarian* principles he long championed.

1980年代，ドラッカーはビジネス，さらには資本主義それ自体にまで重大な疑念を抱くようになった。彼はもはや企業をコミュニティを創る理想的空間とは見ていなかった。それどころか，彼はほとんど正反対のものを見ていた。彼が長い間にわたって擁護してきた平等主義の原理が自己利益によって打ち負かされた場所，それを企業と見ていた。

＊ egalitarian = 平等主義の

　もっと詳しく見てみよう。次はビジネス・ジャーナリストの**トム・ブラウン(Tom Brown)**が書いたドラッカーの追悼記事の一節である。

　「ドラッカーは私にこう強調した。彼が1954年に書いた本 (*The Practice of Management* のこと) があれほど革命的だったのは，その本がビジネスをお金を儲けるために人々が寄り集まるだけのものではないとしていたからだ。けれども，多くの企業は，利益を作り，利益を奪うことのためだけに献身している管理者によって先導されているように思われる。企業とは何だ，とドラッカーは繰り返し尋ねた。社会におけるビジネスの役割とは何だ。これほど多くの管理者が，しばしば合意された目的があるにもかかわらず，それらの目的を追求せず，無軌道に行動するのは一体なぜなのか。社長や理事たちは，企業で働く何百の，いや何千の従業員と心から接しているのか。さらにドラッカーはこう質問した。彼らは彼らが活動しているコミュニティに企業が及ぼす影響を完全に理解しているのか。」

現在，アメリカではドラッカーの本を1冊たりとも読まずに，MBAの試験に合格できるという。ドラッカーほど大きな称賛を受けながら，その忠告が無視されている人もほとんどいないという。それはアメリカの何かが狂っていることの証左にもなろう。それに対して，日本でドラッカーがこれほど読まれ，実践されていることは，日本の企業経営が道を大きく踏み外していないからかもしれない。しかし，ドラッカーが晩年に日本の企業経営のあり方に大きな疑問を抱き始めていたことも忘れてはならない。

第3章 マーケティング

意味を言ってみよう

- □ epicenter
- □ Nazi
- □ end result
- □ long-term goal
- □ empowerment
- □ narrow-mindedness
- □ management layers
- □ innovative product
- □ management by objectives
- □ practice
- □ foreign policy
- □ manual labor
- □ quantity
- □ chore
- □ means of production

- □ the intellectual elite
- □ correspondent
- □ demotivation
- □ short-term objective
- □ diversity
- □ mentoring
- □ basics
- □ knowledge worker
- □ foreign affairs
- □ Marshal Plan
- □ workforce
- □ capital asset
- □ paper work
- □ mobile

- □ psychoanalysis
- □ assembly line
- □ bureaucracy
- □ integrity
- □ persona non grata
- □ executive development
- □ sensitivity
- □ postindustrial age
- □ analysis
- □ absolute priority
- □ communism
- □ autonomy
- □ patient care
- □ floor nurse
- □ egalitarian

第4章
英語でビジネスを読み解く

1. Scientific management
   科学的管理法

2. Drucker describes the five tasks of management
   ドラッカーが述べるマネジメントの5つの課題

3. The world's first creativity test
   世界で最初の創造性テスト

4. Game Theory
   ゲーム理論

5. Female brainpower
   女性の頭脳力

1 Scientific management

Scientific management was the first big management idea to reach a mass audience. It swept through* corporate America in the early years of the 20th century, and much management thinking since has been either a reaction to it or a development of it.

The idea was first propounded* by Frederick Winslow Taylor, partly in response to a motivational problem, which at the time was called "soldiering*" —— the attempt among workers to do the least amount of work in the longest amount of time. To counter this, Taylor proposed that managers should scientifically measure productivity and set high targets for workers to achieve. This was in contrast to the alternative method, known as initiative and incentive, in which workers were rewarded with higher wages or promotion. Taylor described this method as "poisonous".

Scientific management required managers to walk around with stop watches and note pads carrying out time-and-motion studies* on workers in different departments. It led to the piece-rate* system in which workers were paid for their output, not for their time. Taylor's first publication, which came out in 1895, was called *A Piece-Rate System*.

語句と構文

L.2 sweep through 〜 = 〜に吹き荒れる，〜に急速に広まる　L.5 propound = 〈問題など〉を提起する　L.7 soldiering = 怠業　L.14 time-and-motion study = 時間動作研究
L.15 piece-rate = 出来高払いの賃金

1 科学的管理法

　科学的管理法は、一般大衆にまで浸透した最初の一大経営理念であった。それは20世紀初頭のアメリカの産業界に吹き荒れた。そのため、それ以降の経営に関する考え方の多くは、科学的管理法に対する反動もしくはその発展かのいずれかとなった。

　科学的管理法の考え方はフレデリック・ウィンズロー・テイラーによって初めて提起されたが、それは1つには、当時「怠業」── 労働者が最長の時間で最小の量の仕事をしようとする試み ── と呼ばれていた労働意欲に関する問題に対応したものであった。これに立ち向かうために、テイラーは、管理者は生産性を科学的に計測し、労働者たちに高い到達目標を設定すべきであると主張した。これは、イニシアティブとインセンティブとして知られるそれに代わる別の手法と対照的であった。後者の場合、労働者たちはより高い賃金や昇級という形で報酬を受けた。テイラーはこの手法を「有害だ」と述べた。

　科学的管理法は管理者たちに、ストップウォッチとメモ用紙を持って歩き回り、さまざまな部署の労働者たちに関し時間動作研究を行うよう求めた。科学的管理法は、労働者たちが働いた時間に対してではなく、達成した成果に対して支払いを受ける出来高払い制度を生み出した。1895年に出版されたテイラーの最初の著作の名は『出来高払制度』であった。

英文を読むためのヒント

　この文章の内容である科学的管理法とその考案者フレデリック・テイラーについては「5. 科学的管理法」に詳述した。そちらを読んだ上でこの英文を読むと理解しやすいだろう。

He believed that "the principal object of management should be to secure the maximum prosperity* for the employer, coupled with the maximum prosperity of each employee". The interests of management, workers and owners were, he maintained, intertwined*. He wanted to remove "all possible brain work" from the shop floor, handing all action, as far as possible, over to machines. "In the past, the man has been first; in the future the machine must be first," he was fond of saying. He ignited* a debate about man versus machine that continued far into the 20th century.

The famous book in which he enunciated* his theories, *The Principles of Scientific Management*, had a strong impact on subsequent* management thinking. It influenced such people as Frank and Lillian Gilbreth, American time-and-motion experts; it influenced industrial psychologists, many of whom saw it as an insult* to the human spirit and set out to* show that allowing free rein* to human initiative produced superior results; and it influenced industrialists like the Michelin brothers (of tyre fame).

語句と構文

L.2 prosperity = 繁栄，成功　**L.4** intertwine = 〜をからみ合わせる　**L.7** ignite = 〜に火をつける　**L.9** enunciate = 〈理論・主義など〉を宣言する，発表する　**L.10** subsequent = その後の　**L.13** insult = 侮辱　**L.13** set out to 〜 = 〜しようと企てる　**L.14** free rein = 完全な行動の自由

彼は,「経営の主要な目的は,雇用者に最大限の繁栄を,あわせて各々の従業員にも最大限の繁栄をもたらすことであるべきだと信じていた」。テイラーは,経営陣,労働者,オーナーの利害は密接に関わっていると主張した。彼は「すべての頭脳的作業」を作業現場から取り除き,すべての作業をできる限り機械に移行することを望んだ。「過去においては,人間が第一であった。将来においては,機械が第一でなければならない」とは彼が好んで口にした文句である。テイラーは20世紀へと延々と続くことになる人間対機械の議論に火をつけたのである。

　自らの理論を言明した彼の有名な著書『科学的管理法の原則』は,その後の経営についての考え方に強いインパクトを与えた。それは米国の時間動作研究の専門家であるフランクおよびリリアン・ギルブレスのような人々に影響を与えた。また産業心理学者たちにも影響を与え,その多くの者たちは時間動作研究を人間精神に対する侮辱と見なし,人間のイニシアティブにもっと自由を与えることがより優れた結果を生み出すことを示そうとした。それはさらに(タイヤで有名な)ミシュラン兄弟のような実業家にも影響を与えた。

At the core of scientific management lie four principles:

- Replace rule-of-thumb* methods of doing work with ones based on scientific study of the tasks to be carried out.
- Select and train individuals for specific tasks.
- Give individuals clear instructions on what they have to do, then supervise them while they do it.
- Divide work between managers and workers, so that the managers plan "scientifically" what is to be done, and the workers then do it.

Peter Drucker once wrote that Taylor was "the first man in history who did not take work for granted*, but looked at it and studied it. His approach to work is still the basic foundation". The trade union movement*, however, always hated it. A union officer once said: "No tyrant* or slave driver in the ecstasy of his most delirious dream ever sought to place upon abject* slaves a condition more repugnant*."

There is little space for Taylor's ideas in today's world of freewheeling* teamwork. But the writings of people such as Michael Porter and Michael Hammer, with their emphasis on breaking business down into measurable (and controllable) activities, hold more than a faint echo* of Taylor's ideas.

語句と構文

L.2 rule-of-thumb = 経験則　L.10 take 〜 for granted = 〜を当然のことと考える
L.11 trade union movement = 労働組合運動　L.12 tyrant = 専制君主　L.13 abject = みじめな　L.14 repugnant = 不快な　L.15 freewheeling = 自由奔放に行動する　L.18 a faint echo = 弱々しい残響，過去の遺物

科学的管理法の中核として次の4つの原則がある：

- 経験則に従った仕事のやり方を，なすべき作業を科学的に研究したものに基づくやり方に置き換えること。
- 特定の作業にふさわしい個人を選別し訓練すること。
- 各個人にしなければならないことについて明確な指示を与え，次いで彼らがそれを行うのを監督すること。
- 管理者が労働者のすべき仕事を「科学的に」計画し，次いで労働者がそれを実行するように管理者と労働者の仕事を分割すること。

　かつて，ピーター・ドラッカーは，テイラーは「仕事をそのまま受け止めず，観察し研究した最初の人だった。彼の仕事に対するアプローチは今でも産業の基盤となっている」と書いた。しかし，労働組合運動は常にテイラーのアプローチを嫌悪してきた。ある組合幹部はかつてこう述べたことがある。「われを忘れ，ひどく錯乱した状態で夢を見ているいかなる専制君主であれ，あるいは奴隷を酷使する者であれ，これ以上の不快な条件をあわれな奴隷たちに課そうとしたことはなかった」と。

　今日の自由行動を旨とする共同作業の世界においては，テイラーの考え方が入る余地はほとんど残されていない。しかし，マイケル・ポーターやマイケル・ハマーのような人々の著作においては，仕事を計測可能な（そして統制可能な）活動へ分割することが強調されており，テイラーの考えが過去の遺物以上のものとして扱われている。

2 Drucker describes the five tasks of management

　Management is important. The success or failure of companies, public sector institutions and services, not-for-profit organizations, sports teams, and so on, often depends on the quality of their managers. But what do managers do? One well-known classification* of the tasks of a manager comes from Peter Drucker. Drucker was an American business professor and consultant who is often called things like 'The Father of Modern Management'.

　Drucker suggested that the work of a manager can be divided into five tasks: *planning* (setting objectives), *organizing*, *integrating* (motivating and communicating), *measuring performance*, and *developing people*.

　・First of all, senior managers and directors set objectives, and decide how their organization can achieve or accomplish them. This involves developing strategies, plans and precise tactics*, and allocating* resources of people and money.

　・Secondly, managers organize. They analyse and classify the activities of the organization and the relations among them. They divide the work into manageable activities and then into individual tasks. They select people to perform these tasks.

語句と構文

L.4 classification = 分類　**L.13** precise tactics = 明確な戦術　**L.13** allocate = ～を割り当てる，配分する

2 ドラッカーが述べるマネジメントの5つの課題

　マネジメントは重要である。企業，公共部門の機関やサービス，非営利団体，スポーツチームなどの成功や失敗は，しばしば管理者の資質にかかっている。しかし，管理者は何をするのか？　管理者の仕事を分類した有名なものに，ピーター・ドラッカーによるものがある。ドラッカーは米国の経営学の教授およびコンサルタントであり，しばしば「近代経営学の父」のような名前で呼ばれる。

　ドラッカーは，管理者の仕事は5つの仕事に分けられるとした。すなわち，「計画を立てること」（目標の設定），「組織化」，「統合」（動機付けおよび意思伝達），「業績の測定」，そして「人材の開発」である。

・第一に，上級管理者と取締役が目標を設定し，自身の組織がいかにしてそれらの目標を達成または完遂できるかを決定する。これには，戦略，計画，綿密な戦術を立てること，そして人と資金を配分することが含まれる。

・第二に，管理者が組織する。彼らは組織のさまざまな活動およびそれらの関係を分析，分類する。それらを管理可能な活動へ，次いで個々の作業へと分割する。そして，これらの作業を遂行する人を選ぶ。

英文を読むためのヒント

　ドラッカーについてはこの本でも関係箇所でその都度取り上げてきたが，ドラッカーの業績全般については「ビジネスの気になる論点⑩」に整理した。その部分を読むとドラッカーという人物とその業績との関係がわかり，一層興味をそそられるはずだ。

・Thirdly, managers practise the social skills of motivation and communication. They also have to communicate objectives to the people responsible for attaining* them. They have to make the people who are responsible for performing individual tasks form teams. They make decisions about pay and promotion. As well as organizing and supervising the work of their subordinates*, they have to work with people in other areas and functions.

・Fourthly, managers have to measure the performance of their staff, to see whether the objectives or targets set for the organization as a whole and for each individual member of it are being achieved.

・Lastly, managers develop people —— both their subordinates and themselves.

A company's top managers also have to consider the future, and modify* or change the organization's objectives when necessary, and introduce the innovations* that will allow the business to continue. Top managers also have to manage a business's relations with customers, suppliers, distributors*, bankers, investors, neighbouring communities, public authorities, and so on, as well as deal with any crisis that arises.

Although the tasks of a manager can be analysed and classified in this fashion, management is not entirely scientific. There are management skills that have to be learnt, but management is also a human skill. Some people are good at it, and others are not. Some people will be unable to put management techniques into practice*. Others will have lots of technique, but few good ideas. Excellent managers are quite rare.

語句と構文

L.3 attain = 〜を成し遂げる，達成する　L.6 subordinate = 部下　L.13 modify = 〜を修正する　L.15 innovation = イノベーション，革新　L.16 distributor = 流通業者　L.22 put 〜 into practice = 〜を実践する

・第三に，管理者は動機付けと意思伝達という社会的技能を行使しなければならない。彼らはまた目的の達成に責任を持つ人たちに，その目的を伝えなければならない。次に，個々の作業を遂行する責任を持つ人々にチームを作らせなければならない。賃金および昇進についての決定も行わねばならない。部下たちの仕事を組織し監督すると同時に，他の部門の人や他の役割を持つ人々と協力しなければならない。

・第四に，管理者はスタッフの業績を測定し，組織全体および組織の個々人のために設定された目標もしくは目標値が達成されているかどうかを見なければならない。

・最後に，管理者は人を育成する —— 部下だけでなく自分も。

企業の経営の首脳陣はさらに将来について考え，必要に応じて組織の目標を修正したり変更したりし，企業の存続を可能にするようなイノベーションを導入しなければならない。経営の首脳陣はさらに，企業と，顧客や納入業者，流通業者，銀行家，投資家，近隣の地域社会，公的機関などとの関係をうまく処理しなければならないし，また，発生するいかなる危機にもうまく対処しなければならない。

管理者の仕事は，以上のような方法で分析し分類することはできるけれども，マネジメントは完全に科学的というわけではない。身につけるべきマネジメントの技能があるが，マネジメントは同時に人間的な技能でもある。それに長けている者もいれば，そうでない者もいる。マネジメントの技術を実践に移すことができない者もいるだろう。多くの技術を持ちながら，いいアイデアに乏しい者もいる。卓越した管理者は極めてまれなのである。

3 The world's first creativity test

Many regard J. P. Guilford as the father of modern creativity. At a psychology conference nearly 50 years ago, he held an attention-grabbing speech about creativity that sparked off* a great interest in it. An interest that* grows larger every year.

Guilford's own story is an interesting one. He was a psychologist who, during the Second World War, worked on personality tests designed to pick out the most suitable bomber pilot* candidates. In order to do this, Guilford used intelligence tests, a grading system* and personal interviews. He was annoyed because the Air Force had also assigned* a retired air force pilot without psychological training to help in the selection process. Guilford did not have much faith in* the retired officer's experience.

語句と構文

L.3 spark off = 〜を引き起こす　L.3 An interest that ... ➡ (It is) an interest that ... とカッコ内を補って考えること。It は前の a great interest を指す。　L.7 bomber pilot = 爆撃機の操縦士　L.8 grading system = 評点方式　L.9 assign = 〜を任命する　L.11 faith in 〜 = 〜への信頼

3 世界で最初の創造性テスト

　多くの人々が J.P. ギルフォードを現代の創造性研究の父と見なしている。ほぼ50年前のある心理学の会議において，彼は大きな関心を引き起こした創造性についての注目すべき講演を行った。そして，その関心は年を経るごとに高まっている。

　ギルフォード自身についての話も興味深いものである。彼は心理学者で，第二次世界大戦中，爆撃機のパイロットに最もふさわしい候補者を選出することを目的とした性格検査を研究していた。これを行うため，ギルフォードは知能テスト，評点方式および個人面談を用いた。ギルフォードは，空軍が心理学の訓練を受けていない退役空軍パイロットにも候補者選出を手伝うように命じたので，不愉快な気持ちになった。ギルフォードはその退役軍人の経験を信頼していなかった。

英文を読むためのヒント

　出典は *The Idea Book* である。「今日の企業は，卓越した創造性で勝者とならなければならない。より良い類似品では勝てない。独自性が必要なのだ」とはコトラーの言葉。しかし，どうしたら企業の創造性を高められるのか。創造性とは何か。原点に戻って考えてみるのも1つの方法であろう。その意味で，*The Idea Book* は格好の本だ。有名な思想家，起業家などからのおもしろいエピソードが満載であり，それだけでも楽しい。

It turned out that* Guilford and the retired officer chose different candidates. After a while, their work was evaluated* and, surprisingly, the pilots chosen by Guilford were shot down and killed much more frequently than those selected by the retired pilot. Guilford later confessed to being so depressed about sending so many pilots to their deaths that he considered suicide. Instead of this course of action, he decided to find out why the pilots chosen by the retired pilot had fared* so much better than those he had selected.

The old pilot said that he had asked one question to all the would-be* pilots: "*What would you do if your plane was shot at by German anti-aircraft* when you were flying over Germany?*" He ruled out* everyone who answered, "*I'd fly higher*". Those who answered, "*I don't know — maybe I'd dive**" or "*I'd zigzag**" or "*I'd roll and try to avoid the gunfire by turning*" all gave the wrong answer according to the rule book. The retired pilot, however, chose his candidates from the group that answered incorrectly. The soldiers who followed the manual were also very predictable* and that is where Guilford failed. All those he chose answered according to the manual. The problem was that even the Germans knew that you should fly higher when under fire and their fighter planes therefore lay in wait above the clouds, ready to shoot down the American pilots. In other words, it was the creative pilots who survived more often than those who may have been more intelligent, but who stuck by* the rules!

語句と構文

L.1 It turned out that ... = …であるとわかる，結局…である　L.2 evaluate = 〜を評価する
L.7 fare = 事が運ぶ　L.9 would-be = 〜志望の　L.10 anti-aircraft = 対空砲火，対空兵器
L.11 rule out = 〜を排除する，無視する　L.12 dive = 急降下する　L.13 zigzag = ジグザグに進む　L.16 predictable = 予測可能な　L.22 stick by = 〜を堅く守る

結局，ギルフォードと退役軍人は異なる候補者を選出した。しばらくして彼らの仕事ぶりが評価されたが，驚いたことに，ギルフォードが選んだパイロットたちは，退役パイロットの選んだ者たちよりも多く撃墜され，死んだのである。後に，ギルフォードは，多くのパイロットを死に追いやったことでひどく落ち込み，自殺まで考えたと告白している。しかし彼は自殺という行動をとる代わりに，退役パイロットが選んだパイロットが自分の選んだ者たちよりなぜあれほどうまくいったのかを解明しようと決意した。

　老パイロットはすべてのパイロット候補者たちに1つだけ質問をしたと語った。「ドイツ上空を飛んでいる時に，飛行機がドイツの対空砲火を浴びたら，君はどうするか？」彼は「もっと高く飛ぶ」と答えた者はすべて不適格とした。「わからないけど，たぶん急降下するかな」とか「ジグザグ飛行をする」とか「ローリングして，旋回することで砲火を避けるかな」と答えた者たちは，教本によれば間違った答えをしていた。しかし退役パイロットは，間違った答えをしたグループの中から候補者を選んだのだ。マニュアルに従ったパイロットたちは行動を予測するのがきわめて容易でもあったが，それこそがギルフォードが見落としていた点であった。ギルフォードが選んだ者はすべてマニュアル通りに答えていたのである。問題は，ドイツ人ですら，砲撃を受けたらもっと高く飛ばなければならないと知っていたことであり，だからこそ彼らの戦闘機は雲の上で待機して，米国のパイロットを撃墜するべく備えていたのだ。言い換えれば，まさしく創造的なパイロットたちのほうが，彼らよりも聡明であったかもしれないがルールに縛られていたパイロットたちよりも，生存率が高かったのだ。

Guilford suddenly realized that it was a talent to be able to think differently, unexpectedly*, creatively, and so he decided to study this skill further. It was his aim to find a way of selecting the most suitable pilots by identifying those creative candidates who improvised* and came up with unexpected solutions.

One of Guilford's first creativity tests for the Air Force was asking candidates to find as many uses for a brick as possible. Although simple, this is a good way of testing someone's creativity. Some just churn out* an endless number of uses faster than you can write them down while others think for minutes before coming up with five uses.

This is also a good way of kick starting* the creativity skills of a person or group.

語句と構文

L.2 unexpectedly = 思いがけなく，突然　**L.4** improvise = 〜を即興で作る　**L.8** churn out = 〜を大量に次々と作る　**L.11** kick start 〜 = 〜を始める

ギルフォードは，他の人と違ったふうに，思いもよらぬように，創造的に考えられることは1つの才能であると突然気づいた。そこで，彼はこの技能をさらに研究しようと決意した。即興で思いがけない解決を生み出す創造的な候補者たちを特定することによって最もふさわしいパイロットを選び出す方法を見つけることが彼の目的だった。

　空軍のためにギルフォードが開発した最初の創造性テストは，候補者にレンガの利用方法を可能な限り見つけるよう尋ねるものだった。単純ではあるが，これは人の創造性をテストするよい方法である。書き留められないほど速く無数の使い方を考え出す者もいれば，5つの利用方法を考え出すのに何分も考える者もいる。

　これは，個人またはグループの創造的技能を磨く最初のものとしてはよい方法でもある。

4 Game Theory

    Late one night, after a conference in Jerusalem, two American economists found a licensed taxicab and gave the driver directions to their hotel. Immediately recognizing them as American tourists, the driver refused to turn on his meter; instead, he proclaimed* his love for Americans and promised them a lower fare than the meter. Naturally, they were somewhat skeptical* of this promise. Why should this stranger* offer to charge less than the meter when they were willing to pay the metered fare? How would they even know whether or not they were being overcharged? (see Note1)

    On the other hand, they had not promised to pay the driver anything more than what would be on the meter. If they were to start bargaining* and the negotiations broke down, they would have to find another taxi. Their theory was that once they arrived at the hotel, their bargaining position* would be much stronger. And taxis were hard to find.

(Note 1) If the driver wanted to prove that he was going to charge less than the meter, he could have turned on the meter as asked and then charged 80 percent of the price. The fact that he did not should have told something about his intentions.

語句と構文

L.4 proclaim = ～を示す，宣言する　L.6 skeptical = 懐疑的な　L.5 Why should this stranger ... ➡ should は「驚き」を表す助動詞。　L.10 bargain = ～を交渉で決める
L.12 bargaining position = 交渉上の立場

4 ゲーム理論

　ある夜遅く，エルサレムでの会議の後，2人のアメリカ人の経済学者が，認可タクシーを見つけ，運転手にホテルまでの道順を告げた。運転手はすぐにアメリカ人旅行客であるとわかったので，メーターを倒さなかった。代わりに，彼はアメリカ人たちが大好きだと大げさに言い，メーターよりも低い料金にすると約束した。当然，2人のアメリカ人はこの約束をいくぶん疑った。メーター通りの料金を払おうとしているのに，この初対面の男はなぜメーターよりも低い料金しか請求しないと言うのか。そもそも，自分たちはメーターよりも高い料金を請求されているかどうかを，どのように知ることができるだろうか。(注1参照)

　他方で，彼らはメーターが示すであろう料金よりも，少しでも多く運転手に払うと約束したわけでもなかった。もし彼らが交渉を始め，交渉が決裂したら，他のタクシーを見つけねばならないであろう。彼らの考えでは，いったんホテルに到着すれば，彼らの交渉する立場ははるかに有利になるはずである。なぜなら，タクシーを見つけることは困難だったから。

(注1) もし運転手がメーターよりも少ない額を請求するつもりであることを証明したかったら，彼は言われた通りメーターを倒して，その80％を請求することもできたはずだ。そうしなかったという事実が，当然彼の意図について何かを語っている。

英文を読むためのヒント

　市場が完全競争の場合，個人も企業もその意思決定は他に影響を与えない。しかし，実際には，寡占状態にある企業が製品の価格を決定する場合のように，一当事者の意思決定が他に影響を及ぼす場合がある。このような場合，どのような意思決定をすれば最適な結果が得られるかを研究するのがゲーム理論である。ゲーム理論は，経済だけでなく，それ以外のさまざまな局面にも応用されている。なお，ゲーム理論は原則として当事者が合理的な行動をとることを前提にした理論である。そのことを踏まえてこの英文を読んでみよう。

They arrived. The driver demanded 2,500 Israeli shekels ($2.75). Who knew what fare was fair? Because people generally bargain in Israel, they protested* and counter-offered* 2,200 shekels. The driver was outraged*. He claimed that it would be impossible to get from there to here for that amount. Before negotiations could continue, he locked all the doors automatically and retraced* the route at breakneck speed*, ignoring traffic lights and pedestrians*. Were they being kidnapped to Beirut? No. He returned to the original position and ungraciously* kicked the two economists out of his cab, yelling, "See how far your 2,200 shekels will get you now."

They found another cab. This driver turned on his meter, and 2,200 shekels later they were home.

Certainly the extra time was not worth the 300 shekels to the economists. On the other hand, the story was well worth it. It illustrates* the dangers of bargaining with those who have not yet read our book. More generally, pride and irrationality* cannot be ignored. Sometimes, it may be better to be taken for a ride* when it costs only two dimes. (see Note 2)

(Note 2) The two who learned this lesson in game theory, and lived to tell the tale, were John Geanakoplos of Yale University, and one of your authors, Barry Nalebuff.

語句と構文

L.3 protest = 抗議する　L.3 counter-offer =（提案に対し）反対の提案をする　L.3 outrage = 憤慨させる　L.6 retrace = ～を引き返す　L.6 at breakneck speed = 猛スピードで
L.7 pedestrian = 歩行者　L.8 ungraciously = 無礼に　L.13 illustrate = ～を例証する
L.15 irrationality = 不合理　L.16 take ～ for a ride = ～をだます（「だまされて乗る」の意味もかけてある）

2人はホテルに到着した。運転手は2,500イスラエルシェケル（2.75ドル）を要求した。誰がどのくらいの料金が適正だと知り得よう？　イスラエルでは一般に値段の交渉をするので，彼らは抗議し，逆に2,200シェケルを提示した。運転手は激怒し，その金額では，あそこからここまで来ることは不可能だと主張した。交渉未成立のまま，彼はすべてのドアをオートロックし，信号や歩行者を無視しながら，猛スピードで来た道を引き返した。2人はベイルートへと誘拐されているのであろうか？　そうではなかった。運転手はもとの場所へ戻り，2人の経済学者を乱暴に車から放り出し，「あんたらの言う2,200シェケルでどれだけ行けるか確かめてみろ」と叫んだ。

　彼らは他のタクシーを見つけた。この運転手はメーターを倒し，2,200シェケル分進んだ所で，彼らはホテルに着いた。

　これは明らかなことだが，経済学者にとって，余分な時間を費やしたから300シェケルの価値があった（得をした）わけではない。だが，この話には300シェケルだけの価値はある。私たちの本（ゲーム理論についての本）をまだ読んでいない人々と交渉することの危険を示しているからだ。より一般的に言うなら，ゲーム理論にあっても自尊心と非合理性は無視することはできないのである。時には，ささいな金額であれば，だまされる方がよいこともある。（注2参照）

（注2）ゲーム理論におけるこの教訓を実際に学び生き延びて体験を物語ってくれた2人とは，イェール大学のジョン・ジーナコプロスと，われわれ著者の1人であるバリー・ネイルバフであった。

There is a second lesson to the story. Think of how much stronger their bargaining position would have been if they had begun to discuss the price after getting out of the taxi. (Of course, for hiring a taxi, this logic should be reversed. If you tell the driver where you want to go before getting in, you may find your taxi chasing after some other customer. Get in first, then say where you want to go.)

この話には，もう1つの教訓がある。もし彼らがタクシーの外に出てから値段を交渉し始めていたら，彼らの交渉の立場はどれほど強くなっていたかを考えてみることだ。(もちろん，タクシーをつかまえる場合には，この論理は逆転する。乗り込む前に運転手に行き先を告げると，そのタクシーは他の客を探しに行ってしまうかもしれない。まず乗り込み，それから行き先を告げるべきである。)

5 Female brainpower

Women now make up* a majority (57%) of university graduates across OECD countries (Vincent-Lancrin★, 2008). Countries and companies which enable women to reach their full potential at work will reap* the rewards of girls' educational attainment. Among the general population of 25- to 34-year-olds, a third of women, on average, have tertiary education*, compared with 28% of men (OECD, 2006). In Europe, women now earn 59% of university diplomas (EU, 2007) and 61% of PhD degrees (EU, 2006). In the US in 2002-03, women also outdid* men, gaining 58% of all bachelor's degrees and 59% of all master's degrees. In higher academic qualifications*, they ran a close second, earning 47% of doctorates* in all fields, and 48% of "first professional" degrees*, which cover practices such as dentistry*, medicine and law (US Dept of Education, 2005).

語句と構文

L.1 make up = 〜を構成する　L.3 reap = 〈成果・利益などを〉上げる，収める
L.5 tertiary education = 第3期教育，高等教育　L.8 outdo = 〜にまさる，〜をしのぐ
L.10 qualification = 能力，資格　L.10 doctorate = 博士号　L.11 "first professional" degree = 「第一職業専門」学位　L.12 dentistry = 歯学
★Vincent-Lancrin は OECD の上級アナリスト

5 女性の頭脳力

　現在，女性はOECD諸国の大卒者の過半数（57％）を占めている（Vincent-Lancrin, 2008）。女性が仕事でその潜在能力をフルに発揮できるようにしている国や企業は，女性教育の成果がもたらす報酬を享受することになるだろう。25歳から34歳までの総人口のうち，男性の28％に比べ，女性は平均して3分の1が高等教育を受けている（OECD, 2006）。ヨーロッパでは，女性は今では学士号の59％（EU, 2007），博士号の61％（EU, 2006）を取得している。米国では，2002-03年に，女性は全学士号の58％，全修士号の59％を取得し，やはり男性を凌駕している。もっと上級の学位については全分野の博士号の47％，歯学，医学，法学などの業務を含む「第一職業専門」学位の48％を占め，僅差で男性に迫っている（米国教育省，2005）。

英文を読むためのヒント

日本では企業の経営陣に女性が占める割合は悲しくなるほど少ないが，これは単に時代遅れであるだけでなく，企業の収益や存続といった面からも危ういことなのだ。この本でも職場における女性の問題について，「7. ウーマノミクス，ビジネスの気になる論点⑤・⑥」で扱っているので，参考にしていただきたい。

Research shows girls doing better than boys in many subjects and at almost every academic level. Is this because girls are smarter all of a sudden, or have school curricula and a predominantly* female teaching profession adapted education to the way girls learn, perhaps to the detriment of* boys?

It is an important question. A *Financial Times* writer reflected the concern over boys' relative performance at school. "I am worried that if my sons have to share classrooms with high-achieving girls at 13 and 14, their self-confidence may suffer and they may take a longer time to learn who they are, what they are good at and what they want to do" (MacGregor, 2006). The article examined the argument that girls do better in single-sex schools, while boys benefit from the "civilising" influence of girls in co-education*. Society certainly needs to address the underperformance* of boys at school. But it also makes sense for business to get better at wooing*, keeping and promoting more of these outperforming* young women.

Given* their educational achievements and their entry into many companies in numbers equal with men, it seems only common sense to enable women to share leadership and power. Yet many companies and boards still seem to be unprepared for the tide*, or else to be awaiting proof that* it is good for business, before they address the issue seriously.

語句と構文

L.3 predominantly = 主に，圧倒的に　L.4 to the detriment of 〜 = 〜に損害を与えて
L.11 co-education = 男女共学　L.12 underperformance = 期待よりも低い成績　L.13 woo = 〜を得ようと努める　L.14 outperforming = 優れている　L.15 given 〜 = 〜を考慮すれば
L.18 tide = 傾向，風潮　L.18 await proof that ... = …を示す証拠を待つ

調査によれば，女子は多くの科目で，またほほどの教育段階においても，男子よりも成績がよい。これは女子が突然賢くなったからだろうか。それとも，学校のカリキュラムや教職に女性が圧倒的に多いことから，教育が女性が学ぶのに有利に，男性に不利になってしまったためだろうか。

　それは重要な疑問である。フィナンシャル・タイムズのある記者は，学校で男子が女子よりも成績が悪いことに懸念を表明している。「もし私の息子たちが13歳と14歳の時に，優秀な女子たちと教室を共にしなければならないなら，彼らの自信は傷つき，自分は何者であるか，自分は何が得意で何がしたいのかを学ぶのに，より長い時間を要するかもしれない。それが心配です。」（MacGregor, 2006）。この記事は，女子は女子校でのほうがよい成績を挙げ，男子は共学の場合，女子の「啓蒙的」な影響から恩恵を受けるという主張を検証している。学校で男子が成績がふるわないことに社会が善処する必要があることは確かである。しかし企業が，これらの優秀な若い女性たちをより多く求め，確保し，昇進させていくことに長ずることも，理にかなったことである。

　女性の学業成績や女性が男性と並ぶ数で多くの企業に入社していることを考慮するなら，女性にもリーダーシップと権力を持たせるようにすることは至極当然なことのように思われる。しかし多くの企業や幹部たちは，この流れにまだ準備ができていないか，あるいはそれがビジネスによいという証拠を見極めた上で，この問題に真剣に取り組む態度のようである。

The evidence suggests that having more women at the top is, in fact, good for the bottom line*. In a groundbreaking* piece of research, Catalyst, the US think-tank, examined the link between women leaders and the performance of the *Fortune* 500 companies. It found that the group of companies with the highest average representation of women in their top management teams significantly outperformed those with the lowest average representation. Return on equity* was 35.1% higher, while the total return to shareholders was 34% better (Catalyst, 2004). Catalyst followed this with research in 2007 looking at Fortune 500 boards of directors, finding that companies with the highest representation of women directors were more profitable and more efficient on average than those with the lowest (Catalyst, 2007). The out-performance* was even greater where there were three or more women on the board, suggesting the significance of having a "critical mass*", rather than a token* woman. Companies with three or more female directors had 83% greater return on equity, on average, than those with the lowest representation of women, 73% better return on sales, and 112% higher return on invested capital*.

語句と構文

L.2 bottom line = 最終の利益　L.2 groundbreaking = 画期的な　L.7 return on equity = 株主資本利益率　L.12 out-performance = 業績が優れていること　L.14 critical mass = 臨界量（特定の結果を得るための十分な量）　L.14 token = 名ばかりの　L.17 invested capital = 投下資本

より多くの女性をトップに有することが，実際のところ，企業の最終の利益にとっても好ましいことは証拠が示している。米国のシンクタンクであるカタリストは，ある画期的な調査において，女性のリーダーとフォーチューン500社の業績の関係を調べた。それによれば，トップの経営陣に占める割合が平均して最も高い企業グループは，トップの経営陣に占める女性の割合が平均して最も低い企業グループよりもはるかに業績が優れていた。株主資本利益率は35.1％高く，株主総利回りは34％優れていた。(Catalyst, 2004)。カタリストは，これに続き2007年にフォーチューン500社の役員会を調査し，女性役員を最も高い率で有する企業は，最も低い率の企業よりも，平均して収益性および効率性に優れていることを見出した（Catalyst, 2007）。役員に3人以上の女性がいる場合には，業績優位はさらに大きくなったが，これは女性役員を象徴として有するというよりも，一定の「臨界量」以上を有することの大切さを示していた。3人以上の女性役員を有する企業は，女性の役員の割合が最も低い企業よりも，平均して株主資本利益率が83％高く，売上利益率は73％優れ，投下資本利益率は112％高かった。

Similarly, a 2007 McKinsey*1 study found that companies in Europe, America and Asia with 30% or more women in their senior management team achieved higher average scores for "organizational excellence" (things like leadership, accountability*, innovation, work environment and external orientation) than those with no women. McKinsey, together with Amazone Euro Fund*2, also found that European companies with the greatest gender diversity* in top management outperformed their sector average in terms of return on equity, share price growth and operating result (McKinsey & Company, 2007). Whether these studies mean that women's presence can directly boost* financial performance or that more open and better-run companies tend to attract more women to the top, the arguments in favour of* greater gender balance are hard to ignore. No wonder fund managers such as the Geneva-based* Amazone Euro Fund have decided to put money into shares of companies demonstrating a strong gender mix in senior management (AMM Finance*3 announcement, 2007).

語句と構文

L.4 accountability =（説明）責任　　L.7 diversity = 多様性　　L.10 boost = 〜を押し上げる
L.12 in favour of 〜 = 〜のために　　L.13 -based = 〜に拠点を置く
*1 McKinsey & Company のこと。マッキンゼー社は国際的なコンサルタント会社。
*2 Amazone Euro Fund はヨーロッパのファンド会社。
*3 AMM Finance はジュネーブにある資産管理会社。

同様に，2007年のマッキンゼー社の研究によれば，上級管理職の30％以上を女性が占める欧米およびアジアの企業は，上級管理職に女性のいない企業よりも，「組織としての卓越性」（リーダーシップ，説明責任，革新性，職場環境，外部志向性といった事柄）において，より高い平均値を達成していた。マッキンゼー社とアマゾウン・ユーロ・ファンドとの共同調査によると，トップの経営陣の男女のバランスが最もよくはかられているヨーロッパ企業が，株主資本利益率，株価上昇率，営業利益の点で業界平均を上回っていた（McKinsey & Company, 2007）。これらの研究が，女性の存在が直ちに財務状態の好転につながることを意味するのか，あるいはより開かれた，業績の優れた企業が，より多くの女性をトップに引きつける傾向があることを意味するのか，そのいずれであっても，男女のバランスをもっとはかるべきだとの主張を無視することは難しい。ジュネーブに拠点を置くアマゾウン・ユーロ・ファンドのようなファンド会社の管理者たちが，上級管理職の男女の比率がとてもよい企業の株に投資することを決定してきたとしても，驚くには当たらないのである（AMMの発表，2007）。

第4章　出典一覧

1. Scientific management
Guide to Management Ideas and Gurus by Tim Hindle

2. Drucker describes the five tasks of management
English for Business Studies Student's Book – A Course for Business Studies and Economics Students, 3rd edition by Ian MacKenzie, 2010, © Cambridge University Press 2010, reproduced with permission. Most of this text summarises a definition of management by Peter Drucker, from his book *An Introductory View of Management* (New York: Harper and Row: 1977).

3. The World's first creativity test
The Idea Book by Fredrik Härén. Copyright © 2004 by Fredrik Härén. Reprinted with permission.
（邦題：『スウェーデン式 アイデア・ブック』ダイヤモンド社刊）

4. Game theory
THINKING STRATEGICALLY by Avinash K. Dixit and Barry J. Nalebuff ,copyright © 1991 by Avinash K. Dixit and Barry J. Nalebuff. Used by permission of W. W. Norton & Company, Inc.

5. Female brainpower
Why Women Mean Business: Understanding the Emergence of our next Economic Revolution by Avivah Wittenberg-Cox and Alison Maitland. Copyright © 2009 by Avivah Wittenberg-Cox and Alison Maitland. Reproduced with permission of John Wiley & Sons Ltd.

INDEX

色太字：1〜3章までの項目タイトル
黒太字：1〜3章までの文章中に登場する色太字の英単語または語句
黒細字：1〜3章までの文章中に登場する人名，細字の英単語または語句

A	
ability to motivate others	40
Abraham Harold Maslow	52
absolute priority	135
academic subject	60
accept responsibility	54
accountant	76
accounting activities	33
acquisition	27
acronym	22
adaptation	33
adaptive capacity	42
administrative theory	32
advertising	76
aerodynamics	126
after-school club	65
aging population and falling birth rate	63
aging process	91
Al Ries	105
Alison Maitland	60
allowance	61
aloof	50
Amelia Earhart	106
amorphous	89
an aging population	24
analysis	134
analytical	23
anarchy	113
anticipate	30
apprentice	44
appropriate price	81
assembly line	131
assets	33
atmosphere	97
audio/video media	97
authority	34
automation	126
autonomy	136
availability	24
average human being	52
Avivah Wittenber-Cox	60
avoid responsibility	53

B	
baby boomers	91
balance sheet	23
Band-Aid solution	113
bandwagon climbing	123
bankruptcy	60
basic work units	45
basics	133
beauty salon	114
behavior group	91
behavioral theory	38
bird's eye view	24
blue chip	61
bottom line	61
bottom-up	72
boutique	111
brand	100
breadwinner	70
breakthrough	126
breast cancer	114
brick industry	98
bureaucracy	132
business environment	10
buy one, get one free（BOGOF）	81

C	
capital	121
capital asset	136
capital investment	23
captive audience	114

173

☐ career cycle	70	☐ company-centric philosophy	89
☐ career development	25	☐ competence	96
☐ career path	25	☐ competent	28
☐ carrot and stick	53	☐ competitive advantage	94
☐ cash flow	101	☐ competitive edge	23
☐ cell phone	82	☐ competitive substitute	87
☐ center stage	88	☐ competitor	24
☐ centralization	35	☐ compile	23
☐ certainty	72	☐ complementarity	70
☐ chains of distribution	82	☐ comprehensive	113
☐ challenge	24	☐ concern for employees	57
☐ channel of distribution	121	☐ concerned	50
☐ charismatic	39	☐ conformance quality	95
☐ Charles Handy	16	☐ connectors	112
☐ Charles Lindberg	106	☐ consideration	41
☐ chemical	124	☐ consonant	102
☐ chief engineer	44	☐ consumer goods	100
☐ childbearing	70	☐ consumerism	78
☐ childbearing age	66	☐ contagious	111
☐ child-rearing subsidy	66	☐ contextual	42
☐ chore	137	☐ contingency plan	26
☐ chrysanthemum	100	☐ contingency theory	41
☐ circulation	125	☐ contract	102
☐ clay pot	100	☐ control group	49
☐ Clayton M. Christensen	126	☐ controlling	34
☐ coal-mining	32	☐ coordinate	33
☐ co-existence	73	☐ coordinating	34
☐ collaboration	72	☐ corporate culture	73
☐ colleague	72	☐ correlation	64
☐ collective	73	☐ correspondent	131
☐ collective knowledge	101	☐ cost structure	127
☐ combination	41	☐ cot	49
☐ comfort	78	☐ coupled with ~	48
☐ commanding	34	☐ courtesy	96
☐ commercial activities	33	☐ creativity	40
☐ commitment to quality	57	☐ credibility	96
☐ committed to ~	14	☐ creditor	19
☐ commodity	97	☐ criteria	72
☐ commodity market	98	☐ criterion	122
☐ common emotions	118	☐ cultural diversity	60
☐ common goal	10	☐ cure rate of cancer	125
☐ communication skills	40	☐ customer	19
☐ communication style	71	☐ customer consulting	96
☐ communism	135	☐ customer loyalty	23

☑ customer orientation	76	☑ dormant	118
☑ customer training	96	☑ Douglas McGregor	52
☑ customer-driven	72	☑ durability	78
☑ customer-satisfying organism	85	**E**	
☑ customization	95	☑ eagle	100
☑ customized	92	☑ economy of scale	89
D		☑ effectively	11
☑ data analysis	23	☑ efficiently	11
☑ data collection	23	☑ egalitarian	138
☑ daycare center	65	☑ egoistic needs	55
☑ dealership	123	☑ Elton Mayo	49
☑ decent livelihood	47	☑ emerging forces	59
☑ decentralization	36	☑ emotional intelligence	43
☑ decision by consensus	57	☑ emotional-intelligence quotient	74
☑ decisiveness	40	☑ empathy	112
☑ declining economy	10	☑ employee	19
☑ declining industry	84	☑ employee orientation	41
☑ defense mechanism	105	☑ empowerment	132
☑ delay gratification	118	☑ end result	132
☑ delivery	96	☑ entertainment business	86
☑ demographic group	91	☑ epicenter	130
☑ demographics	123	☑ epidemic	110
☑ demotivation	132	☑ epidemiology	110
☑ department manager	27	☑ equipment	10
☑ description	25	☑ equity	36
☑ desertification	59	☑ esprit de corps	36
☑ design	96	☑ European Commission	65
☑ diabetes	114	☑ evaluate	34
☑ differentiate between A and B	33	☑ evaluative	23
☑ differentiation	94	☑ event	97
☑ diplomacy	59	☑ exchange rate	24
☑ direct	72	☑ exclusion	73
☑ director	20	☑ executive development	133
☑ disaster	29	☑ existing customer	127
☑ discipline	35	☑ external control	53
☑ discriminatory barrier	69	☑ external factors	23
☑ display	82	**F**	
☑ disruptive innovation	121	☑ Facebook	92
☑ disruptive technology	126	☑ fair pay	46
☑ distributor	82	☑ famine	59
☑ diverse	14	☑ feature	95
☑ diversity	132	☑ female labor participation rate	64
☑ division of labor	35	☑ fertility rate	63
☑ domination	73	☑ field supervisor	28

☐ figure out	28	☐ Harry Truman	135
☐ finance	33	☐ heavy toil	47
☐ financial activities	33	☐ Henri Fayol	32
☐ financial health	32	☐ Henry Ford	89
☐ financial resources	10	☐ hereditary	38
☐ financing	123	☐ hereditary system	39
☐ first-class worker	45	☐ heritage	14
☐ flexibility	71	☐ hierarchical	36
☐ flood of information	105	☐ hierarchical organization	32
☐ floor nurse	137	☐ higher birth rate	67
☐ flow of information	23	☐ higher labor participation	67
☐ folklorist	115	☐ high-frequency	117
☐ follower	42	☐ high-quality product	10
☐ foreign affairs	135	☐ homogeneous	90
☐ foreign policy	135	☐ host	117
☐ fountain of youth	91	☐ hostile brand	108
☐ 14 principles of management	35	☐ Hotmail	116
☐ Fred Edward Fiedler	41	☐ human relations theory	51
☐ Frederick Winslow Taylor	44	**I**	
☐ free	118	☐ image differentiation	94
☐ freight transportation	84	☐ immigrant	44
☐ Friedrich Julius Stahl	131	☐ immortality	20
G		☐ inadequate leadership	24
☐ gender balance	60	☐ incentive	46
☐ gender bilingual	69	☐ inclusion	73
☐ general public	19	☐ inclusive	72
☐ genetic theory	38	☐ incompatible	57
☐ geographical group	91	☐ incompetence	123
☐ glass ceiling	69	☐ indirect	72
☐ glass cliff	69	☐ informal	72
☐ global warming	59	☐ information	10
☐ goal	10	☐ information source	118
☐ good relations	23	☐ ingenuity	54
☐ goodwill	101	☐ inhumane	46
☐ graffiti	113	☐ initiative	36
☐ greed	123	☐ innovative product	133
☐ growing industry	86	☐ inscribe	17
☐ growing opportunity	86	☐ inspire	14
☐ guru	47	☐ installation	96
☐ gym equipment	91	☐ institutional investor	18
H		☐ instruction	34
☐ hair replacement	91	☐ insurance	61
☐ hard work	70	☐ intangible service	80
☐ Harold Macmillan	28	☐ integrity	132

☐ intellectual potentialities	54	☐ majority	60
☐ intelligence	70	☐ make a living	11
☐ interest rate	24	☐ Malcolm Gladwell	110
☐ internal factors	23	☐ malfunction	95
☐ international market	27	☐ mammogram	115
☐ introduction stage	83	☐ management	10
☐ intuition	73	☐ management by objectives	134
☐ investment	121	☐ management layers	133
☐ iron ore	127	☐ manager	20
		☐ managerial activities	33

J

☐ Jack Trout	105	☐ managing level	32
☐ James O'Toole	133	☐ manipulate	39
☐ Jeffrey Rayport	116	☐ manual labor	136
☐ job satisfaction	50	☐ manufacturer	82
☐ John Maynard Keynes	130	☐ market plan	25
☐ Joseph Schumpeter	130	☐ market research	79

K

		☐ market segment	90
☐ key skills	60	☐ market segmentation	89
☐ knowledge sharing	72	☐ market share	27
☐ knowledge worker	133	☐ marketing	76

L

		☐ marketing mix	80
☐ labor	121	☐ marketing myopia	84
☐ labor union	46	☐ marketplace	61
☐ laboratory	121	☐ markup	83
☐ land-office business	83	☐ Marshal Plan	135
☐ lathe operator	45	☐ masculine	72
☐ lawn	124	☐ Maslow's hierarchy of human needs	
☐ lead time	126		52
☐ leadership	38	☐ mass customization	95
☐ life beyond the grave	20	☐ mass market	89
☐ lifelong learning	71	☐ mass marketing	100
☐ lifetime employment system	57	☐ mass production	56
☐ light beer	106	☐ master's degree	44
☐ lighting	49	☐ maturity stage	83
☐ linear	70	☐ mavens	112
☐ livestock	100	☐ maximize	17
☐ logistics	30	☐ maximum effect	116
☐ long-term goal	132	☐ M-curve	66
☐ long-term prediction	34	☐ means of production	137
☐ low-quality	127	☐ medium-term	17
☐ loyalty	102	☐ mentoring	133
☐ loyalty card	82	☐ merchandise	108

M

		☐ method study	45
☐ maintenance and repair	96	☐ Michael Porter	94

☐ middle management	27
☐ Milton Friedman	18
☐ minimal budget	116
☐ minimill	127
☐ minimize	25
☐ mining engineer	32
☐ misleading ad	123
☐ mission statement	13
☐ mobile	137
☐ monopoly position	17
☐ moral compass	43
☐ morale	24
☐ morality	34
☐ mortality rate for newborn babies	125
☐ motivation	24
☐ motivator	56
☐ motor mimicry	112
☐ multiply	119
☐ Murphy's Law	26
☐ MySpace	92

N

☐ Napster	118
☐ narrow-mindedness	132
☐ Nazi	130
☐ need for achievement	40
☐ need group	91
☐ net asset value	103
☐ new category	106
☐ niche market	91
☐ nonprofit organization	59
☐ nonverbal communication	112
☐ novelty	122
☐ nursing home	125
☐ nurture	14
☐ nutritional supplement	91

O

☐ objective	10
☐ obsolete	28
☐ OECD	60
☐ one-to-one marketing	92
☐ operational plan	26
☐ opportunities	22
☐ opposition	73
☐ optimistic	125
☐ optimum use of capital	33
☐ order	36
☐ ordering ease	96
☐ organic food	91
☐ organization	10
☐ organizational structure	34
☐ organizing	34
☐ out of date	19
☐ outmoded psychology	47
☐ overall strategy	26
☐ owner	18
☐ ownership	100

P

☐ paid maternity leave	65
☐ pallet	98
☐ paperwork	34
☐ patient care	137
☐ payback	118
☐ pension fund	18
☐ people-oriented	50
☐ perception	123
☐ performance quality	95
☐ performance standards	46
☐ persona non grata	132
☐ personal selling	83
☐ personnel	33
☐ personnel differentiation	94
☐ personnel turnover	49
☐ pessimistic	24
☐ Peter F. Drucker	11
☐ Philip Kotler	79
☐ philosophy	13
☐ physical assets	19
☐ Physical evidence	82
☐ physical working conditions	49
☐ physiological needs	55
☐ pig iron	45
☐ pilgrimage	100
☐ planning	27
☐ political instability	24
☐ political reality	72
☐ poor communications	24
☐ positioning	105
☐ postindustrial age	133

☐ potential benefit	105	☐ red tape	34
☐ potential customer	77	☐ reductions in costs	46
☐ power and political competence	72	☐ redundancy	31
☐ practice	134	☐ regular customer	82
☐ predictable	125	☐ related product	118
☐ premium price	92	☐ reliability	95
☐ presentation	79	☐ remuneration	35
☐ prestige	55	☐ repairability	95
☐ price discount	81	☐ repeat customer	77
☐ pricing	79	☐ responsiveness	96
☐ priority	25	☐ rest period	49
☐ problem solving	25	☐ restriction	121
☐ Process	82	☐ retailer	82
☐ process need	123	☐ retirement age	63
☐ product development	76	☐ reward	34
☐ product differentiation	94	☐ Roberto Goizueta	101
☐ product market	98	☐ robotics	126
☐ product orientation	76	☐ royal family	39
☐ product performance	126	☐ Rudolf Christian Karl Diesel	126
☐ product recognition	23	**S**	
☐ product tracking	82	☐ safety needs	55
☐ production line	76	☐ sales promotion	79
☐ production quota	27	☐ salespeople	112
☐ productive assets	101	☐ saturated	84
☐ productivity	70	☐ scalar chain	36
☐ product's life cycle	83	☐ scientific management	44
☐ profitable market	127	☐ scrap	127
☐ promotion	69	☐ section manager	27
☐ property	18	☐ security	53
☐ prospect	108	☐ security activities	33
☐ psychoanalysis	130	☐ self-actualization needs	55
☐ public relations	27	☐ self-concept	13
☐ punishment	34	☐ self-confidence	40
☐ purchasing power	61	☐ self-deceiving cycle	87
☐ pyramid selling	120	☐ self-governing	20
Q		☐ self-market	72
☐ quality	77	☐ self-propagating	116
☐ quantity	136	☐ selling	76
☐ questionnaire	118	☐ sense of belonging	50
R		☐ sense of purpose	13
☐ railroad	84	☐ sensitivity	133
☐ rapport	72	☐ sequence	34
☐ rare skills	39	☐ service differentiation	94
☐ raw materials	10	☐ share	17

☐ share price	60	☐ supervisor	50
☐ shareholder	18	☐ supervisory level	32
☐ sheet steel	128	☐ supplier	19
☐ shelter	55	☐ supply chain	82
☐ short-term objective	132	☐ supportiveness	73
☐ short-termism	18	☐ sustainable future	59
☐ Sigmund Freud	130	☐ sustaining innovation	121
☐ Sir Winston Churchill	41	☐ sustaining technology	126
☐ situational theory	38	☐ SWOT analysis	22
☐ social behavior	110	☐ symbol	97
☐ social function	17	☐ systematic innovation	122
☐ social glue	112	**T**	
☐ social group	91	☐ tactical plan	26
☐ social needs	55	☐ tactics	80
☐ social responsibility	13	☐ talent pool	60
☐ social unit	50	☐ talented people	60
☐ source of satisfaction	53	☐ tangible assets	102
☐ spam	120	☐ tangible good	80
☐ specific	10	☐ target market	79
☐ specification	81	☐ task orientation	41
☐ speculator	18	☐ technical activities	33
☐ spending habit	82	☐ technician	20
☐ stability of personnel	36	☐ technological obsolescence	95
☐ stagnation	87	☐ textile plant	49
☐ stakeholder	19	☐ the best buy	78
☐ stakeholder theory	16	☐ the Broken Windows theory	113
☐ standardization	45	☐ the congruity	123
☐ statistics	33	☐ the Hawthorne effect	49
☐ stay single	63	☐ the Hawthorne Experiments	49
☐ steel company	127	☐ the Industrial Revolution	44
☐ steel industry	127	☐ the intellectual elite	130
☐ Steve Paul Jobs	40	☐ the iron law of wages	47
☐ sticky floor	69	☐ the Law of the Few	112
☐ stocktaking	33	☐ the Muse	122
☐ strategic plan	26	☐ the one right way	45
☐ strategy	22	☐ the overcommunicated society	105
☐ strengths	22	☐ the oversimplified mind	105
☐ structural steel	127	☐ the Power of Context	112
☐ stupidity	123	☐ the satisfaction of a want	77
☐ style	95	☐ the Stickiness Factor	112
☐ subordination of individual interest to the general interest	35	☐ the unexpected	123
		☐ Theodore Levitt	84
☐ superior	70	☐ theory of shareholder sovereignty	16
☐ superior intelligence	40	☐ Theory X	52

☐ Theory Y	52
☐ Theory Z	52
☐ threats	22
☐ time and motion study	45
☐ time frame	90
☐ time-consuming	71
☐ tipping point	110
☐ tolerance	73
☐ Tom Brown	138
☐ top management	27
☐ top-down	32
☐ trait theory	38
☐ two-earner family	125

U

☐ U.S. Post Office	124
☐ unemployment	24
☐ unify	34
☐ unintended consequences	28
☐ unity of command	35
☐ unity of direction	35
☐ unpredictable	28
☐ unskilled	44

V

☐ values	13
☐ venture company	116
☐ viral marketing	116
☐ vision	13
☐ visionary	11
☐ vulnerable	125

W

☐ W. G. Pagonis	30
☐ wants and needs	27
☐ warranty	123
☐ Warren Bennis	42
☐ weak ties	119
☐ weaknesses	22
☐ well-being	61
☐ wholesaler	82
☐ William Ouchi	52
☐ womenomics	59
☐ word of mouth	111
☐ work full time	65
☐ work group	27
☐ work measurement	45

☐ work standards	27
☐ worker productivity	44
☐ workforce	136
☐ working environment	55
☐ workman	20
☐ workmanship	11
☐ written media	97

Y

☐ Youngme Moon	97

MEMO

MEMO

ビジネスパーソンの教養　経営・マーケティング× English

初版第 1 刷発行	2011 年 4 月 30 日
著者	中澤幸夫
発行人	西村稔
発行	株式会社 Z 会
	〒 411-0943　静岡県駿東郡長泉町下土狩 105-17
	TEL　(055) 976-9095
	http://www.zkai.co.jp/books/
装丁	新沼寛子（TYPEFACE）
印刷・製本	日経印刷株式会社
編集協力	日本アイアール株式会社

© 中澤幸夫 2011　★無断で複写・複製することを禁じます
定価はカバーに印刷してあります
乱丁・落丁はお取り替えいたします
ISBN 978-4-86290-076-0